# bibliolycée

# Le Jeu de l'amour et du hasard

## Marivaux

Notes, questionnaires et synthèses
par Elio SUHAMY,
chargé de cours à l'uni~~versité~~ ~~~~ ~~Sorbonne~~

D1355176

*Conseiller éditorial :* Romain LANCREY-JAVAL

**Crédits photographiques**
**p. 4:** photo Sophie Steinberger/Agence Enguerand. **p. 5:** photo Marc Enguerand.
**p. 8:** photo Hachette Livre. **p. 21:** photo Comédie-Française. **pp. 27, 37, 41, 58, 61:**
photo Hachette Livre. **p. 57:** photo Pleins Feux diffusion. **p. 74:** photo Brigitte
Enguerand. **pp. 75, 83, 86, 105, 108, 120, 123:** photo Hachette Livre. **p. 112:**
musée Saint-Denis de Reims, photo Dagli Orti. **p. 122:** photo Brigitte Enguerand.
**p. 129:** photo Ph. Coqueux/Specto. **pp. 135, 141, 144, 167, 170:** photo Hachette
Livre. **p. 169:** photo Dagli Orti. **p. 176:** photo Ph. Coqueux/Specto. **p. 179:** photo
P. Lorette/Comédie-Française. **p. 196:** photo Hachette Livre.

**Conception graphique**
Couverture: *Laurent Carré*
Intérieur: *ELSE*

**Mise en page**
*Alinéa*

ISBN 978-2-01-168704-3

**Dossier pédagogique : www.hachette-education.com**
© Hachette Livre, 2003, 43 quai de Grenelle 75905 Paris Cedex 15.
*Tous droits de traduction, de reproduction et d'adaptation réservés pour tous pays.*

# Sommaire

**Silvia (Catherine Sauval)
entre son frère Mario (Bernard Belin)
et son père Orgon (Alain Mottet),
mise en scène de Jacques Rosny
(Comédie-Française, 1988).**

# PRÉSENTATION

Les dernières années du règne de Louis XIV sont des années sombres pour la France. Le vieux roi a bien oublié son engouement pour le théâtre de Molière, et la Cour se cache lorsqu'elle veut s'amuser. Aussi, quand le Roi-Soleil meurt en 1715, le pays tout entier respire un air nouveau. Paris connaît alors des années folles : les théâtres, les cafés, les salons accueillent nobles et bourgeois avides de divertissements et de conversations spirituelles.

Pierre Carlet de Chamblain, qui se fait appeler Marivaux, observe ses contemporains. Il écrit un théâtre jeune, un théâtre plein de vie et de mouvement. En janvier 1730, le rideau du Théâtre des Italiens se lève sur une pièce sans coups de théâtre, sans aventures romanesques, sans duels ou bastonnades. Les personnages scrutent leurs sentiments et l'éclosion du plus délicat des sentiments : l'amour.

*Le Jeu de l'amour et du hasard* est d'apparence simple et heureuse. Les oppositions au mariage de Silvia et de Dorante ne viennent ni de pères autoritaires, ni de questions d'argent ou de milieu social ; les obstacles ne viennent que des cœurs mêmes. Pour observer celui que son

Une version singée par Alfredo Arias (Aubervilliers, 1987).

père lui destine, Silvia prend la place de sa suivante Lisette. Mais Dorante, le prétendant, a eu la même idée et a endossé le costume de son valet Arlequin. Le vrai Arlequin croit séduire la fille de la maison ; la vraie Lisette pense triompher du cœur du noble Dorante ; tandis que Dorante, en faux Arlequin, se désespère de tomber amoureux de celle qu'il prend pour une suivante… Bien sûr, chacun trouvera sa chacune. La fin heureuse est prévisible. Mais comment les amoureux trouveront-ils les mots de l'aveu et le courage de les prononcer ? Avec quelles phrases le noble Dorante pourra-t-il demander à la fausse suivante de l'épouser ?

Marivaux a inventé la comédie amoureuse. Nous sommes des êtres parlants et nous découvrons la force de nos sentiments uniquement quand nous trouvons les mots qui les expriment. C'est sans doute pour cela que, depuis presque trois siècles, des générations d'acteurs et de spectateurs suivent les tendres pièges de Silvia et d'Arlequin : l'amour est une surprise que la vie nous fait.

Le nom de Marivaux est aujourd'hui célèbre par ce style de dialogues qui a influencé la littérature et le cinéma. Le terme même de *marivaudage* fut utilisé de son vivant, pour désigner une conversation mi-futile mi-sérieuse, où les jeux du cœur et de l'esprit provoquent bien des aventures. Jamais son théâtre n'a quitté la scène française, au point que *Le Jeu de l'amour et du hasard* représente souvent l'esprit français aux yeux du monde entier.

# Marivaux : un écrivain au siècle des lumières

# Marivaux, écrivain du cœur et de la raison

On sait peu de chose de la vie de Marivaux. Plus intéressé par l'observation de ses contemporains qu'à raconter sur lui-même, cet homme discret a été le témoin d'une période relativement heureuse de la France : la Régence et le début du règne de Louis XV.

**Marivaux par Van Loo.**

## Un provincial à Paris

**À retenir**

**Marivaux** est né à Paris en 1688.

Pierre Carlet de Chamblain est né le 4 février 1688 à Paris. Rien ne destine l'enfant à une carrière littéraire. Son père, médiocre fonctionnaire du ministère des Finances, contraint la famille à déménager en province au gré des nominations. D'abord à Riom, vers 1698, où il devient contrôleur puis directeur de la Monnaie ; puis à Limoges, où la famille s'installe vers 1708. C'est probablement là que Pierre, à la suite d'un pari, rédige une première comédie, *Le Père prudent et équitable*. Il ne fait pas que l'écrire : il parvient à la faire jouer, puis publier.

Le père Carlet voit les écrits de son fils comme des amusements sans conséquence. Pragmatique, il lui impose des études sérieuses. L'été 1710 voit le jeune Pierre s'inscrire à l'École de droit de Paris.

## Une vie parisienne trépidante

Bien rapidement, le jeune homme fréquente assidûment les théâtres. La Comédie-Française prolonge le souvenir des classiques. Molière, Racine, Corneille, et des auteurs nouveaux comme Regnard et Lesage sont à l'affiche du seul théâtre public autorisé de Paris. À la Foire Saint-Germain, Pierre découvre tout un théâtre nouveau, vivant, joyeux et chahuté, des bouffonneries souvent grivoises, régulièrement interdites et sans cesse renaissantes.

Les salons sont à la mode. Pierre Carlet, qui choisit le pseudonyme de Marivaux, fréquente celui de la marquise de Lambert et croise des figures bien parisiennes : Fontenelle, La Motte. Dans ces salons, tout est sujet à conversation. Découvertes scientifiques, événements politiques, controverses théologiques, on débat de tout dans une langue que le jeune provincial apprend avec émerveillement.

La « querelle des Anciens et des Modernes » fait rage : elle oppose les héritiers d'une tradition classique, conservatrice, élevée dans le souvenir de Boileau et La Bruyère, et un groupe plus jeune, volontiers provocateur et persifleur. Marivaux, devenu ami de Fontenelle, n'a pas à forcer sa nature pour choisir résolument le camps des Modernes. Le ton est donné.

## Écrire pour le plaisir, écrire pour amuser

Pour se moquer des Anciens, de leur passéisme et de leur écriture précieuse, Marivaux ébauche rapidement plusieurs romans parodiques*. En 1712, il achève *Pharsamon*, vaste et invraisemblable roman où se perçoivent pêle-mêle les influences de Cervantès et de l'Arioste. Suivent d'autres écrits parodiques : *Les Effets surprenants*

**À retenir**

**La vie mondaine**
Marivaux découvre dans les salons la haute société parisienne et son langage.

* *Cf.* Lexique.

*de la sympathie*, *La Voiture embourbée*, *Le Triomphe du bilboquet*… Sans être des succès, ces romans lui créent des contacts avec les éditeurs et les beaux esprits qui, d'une pointe ou d'un compliment, font et défont les réputations. Rien de surprenant si, dès 1713, Marivaux a cessé de fréquenter l'École de droit. On ignore la réaction de son père…

## « Le Roí est mort. Vive le Régent ! »

**À retenir**

**La Régence**
Entre la mort de Louis XIV et l'avènement de Louis XV, la France connaît une période de prospérité et de liberté.

En 1715, la mort de Louis XIV jette un vent de folie sur la cité parisienne. Le Roi-Soleil s'est éteint après un règne d'un demi-siècle et une longue agonie dans sa cour de Versailles, engoncée dans l'étiquette et les cérémonies funèbres. Paris reprend aussitôt son vrai rôle. Partout, théâtres nouveaux, pièces, fêtes, carnavals amusent les aristocrates revenus dans la capitale. En 1716, le Régent rappelle les comédiens-italiens que Louis XIV avait chassés vingt ans auparavant. Le Théâtre-Italien apporte avec lui la *commedia dell'arte\**, un théâtre d'improvisation à mille lieues de la tradition empesée des comédiens-français.

Cette effervescence provoque un besoin d'information. Il faut parler de tous les spectacles et des publications nouvelles… Les journaux, tel *Le Nouveau Mercure*, augmentent leurs chroniques littéraires. Marivaux rédige ses premiers articles sous divers pseudonymes.

1717 est une année clé pour l'écrivain : dans sa vie privée, puisqu'il épouse Colombe Bologne, jeune fille d'une bonne famille de Sens dont on ignore à peu près tout ;

\* *Cf.* Lexique.

dans sa vie d'auteur, parce qu'il publie une parodie d'Homère, *L'Iliade travestie*, pour la première fois sous le nom de Marivaux. L'année suivante, la naissance de l'unique enfant de Marivaux, une fille, Colombe-Prospère, précède la mort du père de l'auteur.

Marivaux est désormais une figure du Tout-Paris. La plupart des salons qu'animent les Modernes lui ouvrent leurs portes. Les journaux publient ses chroniques et ses critiques. Marivaux s'intéresse à l'actualité économique et politique et suit de près l'ascension du banquier écossais Law, à qui le Régent confie les Finances du royaume. Le « système de Law » attire à lui les épargnes de beaucoup de spéculateurs, dont Marivaux qui investit à peu près toutes ses économies dans ce qui passe pour un système infaillible.

## Vivre de sa plume...

Hélas ! le système de Law, mis en place en janvier 1720, s'effondre en juillet de la même année, absorbant la fortune de Marivaux. Lui qui jusqu'ici n'avait écrit que pour son plaisir va devoir vivre de sa plume. Il cherche partout des moyens de survivre et écrit trois pièces en un an. *L'Amour et la Vérité* se joue sans lendemain au Théâtre-Italien, mais la pièce suivante, *Arlequin poli par l'amour*, rencontre un vif succès. En même temps, Marivaux s'essaie à la tragédie avec *Annibal*, qui échoue à la Comédie-Française.

Tout Marivaux est déjà dans ces trois pièces : une écriture vive et enjouée, un sens certain du rythme et une passion pour les choses du cœur et de l'esprit. La critique reproche à Marivaux un personnage d'*Annibal* plus guidé par les

---

**À retenir**

**La banqueroute de Law**
En 1720, Marivaux est ruiné et doit écrire pour gagner sa vie.

mouvements de son cœur que par l'héroïsme antique...
«*Le théâtre est un art dont les rentes sont bonnes*», écrivait Corneille au siècle précédent... si le succès vient rapidement. Or ce n'est pas le cas pour Marivaux, qui ne peut se contenter de demi-succès. De plus, la concurrence parmi les auteurs est vive. Aussi Marivaux a-t-il une autre idée en tête : fonder son propre journal. En 1721 naît *Le Spectateur français*, feuille inspirée d'un *Spectator* de Londres. L'auteur publie des impressions, sans autre fil directeur que sa pensée errante, préfigurant le journalisme moderne. Études de mœurs, scènes de salons, dialogues philosophiques... Marivaux puise dans l'observation de ses contemporains une série de croquis de caractères et de dialogues qui inspireront ses œuvres à venir.

Marivaux ne veut plus échouer sur la scène. Sa pièce suivante s'appelle *La Surprise de l'amour*; il la peaufine, la fait relire par les comédiens-italiens. Il suit les répétitions avec ardeur. La première représentation, le 3 mai 1722, est un triomphe. Les Parisiens applaudissent une pièce à la fois émouvante et enjouée.

## À retenir

**Les journaux**
Marivaux est un des premiers journalistes écrivant critiques et chroniques.

# Le temps des chefs-d'œuvre

Les vingt années qui suivent voient Marivaux écrire à un rythme soutenu la plupart de ses pièces. Trois chefs-d'œuvre, *La Double Inconstance*, *La Fausse Suivante* et *Le Prince travesti*, viennent conforter le succès de *La Surprise de l'amour*. Les trois pièces sont jouées par les comédiens-italiens, qui font briller ces œuvres mouvementées inspirées par la tradition espagnole : déguisements, coups de théâtre... Sous une apparente futilité,

Marivaux joue sur les chassés-croisés entre maîtres et valets – procédé qui sera toujours au centre de son théâtre – pour placer des tirades plus sentencieuses, préfigurant celles de Figaro.

Des pièces à caractère philosophique alternent avec des œuvres plus légères. Dans *L'Île des esclaves*, Marivaux imagine une île où maîtres et esclaves échangent leurs conditions. Dans *L'Île de la raison*, inspiré par *Les Voyages de Gulliver* de l'écrivain irlandais Jonathan Swift, Marivaux pose des personnages dont la taille est proportionnelle à la raison ! À peine visibles au début, ils atteignent la taille humaine au dénouement… En perpétuelle innovation, Marivaux crée des dialogues de spectateurs : avant d'assister à *L'Île de la raison*, marquis et comtesses se pressent et commentent les critiques de la pièce.

Ayant épuisé cette veine, il revient à une écriture de comédie plus classique. Les comédiens-italiens lui réclament une autre *Surprise de l'amour* ; Marivaux obéit et nomme sa nouvelle pièce… *La Seconde Surprise de l'amour* ! Les personnages ont aimé, jadis, et n'ont connu que douleurs et déceptions. L'amour va, à nouveau, les surprendre.

*Le Jeu de l'amour et du hasard* triomphe en 1730. Cette pièce est reprise tout au long de la vie de Marivaux. Elle marque l'apothéose d'une période heureuse.

## Marivaux, dramaturge plus grave et romancier

Après 1732, le théâtre de Marivaux s'assombrit légèrement. Les questions d'argent deviennent des

**À retenir**

**Le renouvel-
lement de
la comédie**
Marivaux
invente des
genres :
comédie
philosophique
et comédie
d'amour.

préoccupations pour les personnages (*Le Legs*, 1736) et les chassés-croisés de personnages sont plus ambigus, plus amers, jusqu'au sommet des ultimes chefs-d'œuvre : *Les Fausses Confidences*, *Les Sincères* et *L'Épreuve* entre 1737 et 1740.

Ces préoccupations d'argent ne touchent pas seulement les personnages de son théâtre : l'équilibre financier de la maison Marivaux demeure instable. L'auteur cherche des revenus que le théâtre, trop aléatoire, est incapable de lui assurer. Après avoir enterré *Le Spectateur français* en 1724, Marivaux crée en 1727 un nouveau journal, *L'Indigent philosophe* : il y joue le rôle d'un pauvre et sage observateur, en marge de la société. En 1734, *Le Cabinet du philosophe* prolonge l'expérience.

Au cours de cette décennie, Marivaux s'est lancé dans un genre nouveau : le roman. Il s'y était essayé dans sa jeunesse sous l'angle de la parodie\*, mais *La Vie de Marianne* est un ouvrage sérieux dans lequel des sujets comme la misère et les différences de conditions sont traités avec réalisme. Marivaux n'achève pas ce roman, pas plus que *Le Paysan parvenu*.

**À retenir**

**Les soucis d'argent**
Après 1730, le ton de Marivaux devient plus grave.

# Retour à la paresse

En 1742, Marivaux est élu à l'Académie française. Accueilli avec condescendance, il doit son élection à l'animosité que provoque son concurrent : Voltaire, lequel ne tient pas Marivaux en haute estime (ce n'est pas réciproque). La femme de Marivaux est morte depuis longtemps, probablement en 1723 ; leur fille est entrée au couvent en 1745. L'auteur ne s'est jamais remarié mais vit avec Mademoiselle de La Chapelle Saint-Jean, qui possède un

\* *Cf.* Lexique.

hôtel particulier rue Saint-Honoré. Aussi Marivaux cesse-t-il de courir théâtres et journaux, et surtout de quémander les pensions que distribue de moins en moins une aristocratie en perte de vitesse.

Marivaux vieillissant écrit encore quelques pièces qui sont lues en petit comité. Certaines ne seront publiées et jouées qu'après sa mort. Les vingt dernières années de sa vie le voient vivre doucement, sortir en ville, et assister tranquillement aux répétitions des nombreuses reprises de ses pièces.

L'homme, connu pour sa gentillesse, accueille volontiers les jeunes auteurs qui voient en lui un vétéran, un vestige de la Régence. La jeune garde des Lumières le consulte, tel le jeune Rousseau qui lui demande des conseils.

Peu de chose est connue des dernières années de sa vie. Quelques discours à l'Académie (sur Racine et Corneille, sur l'Antiquité), quelques lectures de pièces en salon rappellent aux Parisiens que leur Marivaux, dont ils continuent d'apprécier les ouvrages, écrit encore.

Lorsque Marivaux meurt à Paris le 12 février 1763, à l'âge de 75 ans – ce qui est considérable pour l'époque –, il laisse à ses contemporains le souvenir d'un homme affable et courtois, extrêmement discret, et à la postérité trente-sept pièces qui font les délices des acteurs et des spectateurs du monde entier.

**À retenir**

**Une vieillesse longue et discrète**
Marivaux meurt en 1763.

# La France en 1730

Marivaux est un exceptionnel observateur de son temps. Introduit dans les salons parisiens les plus prestigieux, il a fréquenté les personnalités à la mode.

Tout au long de sa vie, il a « croqué », comme un dessinateur, des scènes de la vie parisienne, et surtout ces dialogues et mots d'esprit d'une société toujours en représentation, où le bon langage est signe de noblesse. Dans le contexte des Lumières, cette société s'inquiète souvent de sa propre futilité et connaît un bouleversement en profondeur.

**À retenir**

**À la mort de Louis XIV,** la France est en déclin et épuisée par les guerres.

## D'un siècle à l'autre

Nous sommes en 1700. Marivaux a douze ans. À Versailles, le vieux roi vit entouré d'une Cour qui a bien oublié les fastes du début du règne. Le parti dévot, qui avait lutté contre Molière et son *Tartuffe*, est tout-puissant. Les journées se déroulent sans surprises. La favorite, Mme de Maintenon, a épousé secrètement le roi et impose ses goûts austères. Elle a obtenu le bannissement des comédiens-italiens, dont les facéties grivoises lui étaient insupportables.

Aux défaites militaires de Louis XIV s'ajoute le déclin économique. Des famines et des épidémies provoquent des émeutes. Doyen des monarques d'Europe, le Roi-Soleil voit disparaître son fils le Dauphin, puis son petit-fils ; quand il meurt à son tour en 1715, un vent nouveau souffle sur la Cour. Le jeune roi Louis XV est un enfant ; Philippe d'Orléans assure la régence jusqu'à la majorité du prince, en 1723.

# L'air libre de la Régence

Le Régent n'est pas dévot et ne s'en cache pas. Il s'entoure de « roués », gentilshommes libertins, toujours disposés au plaisir et à la débauche. La décadence des mœurs de la Cour, qui s'affirme sous Louis XV après 1723, contribue au discrédit de la monarchie. Ce culte du plaisir culmine dans les années 1725-1735. Dans les salons, on rivalise d'esprit pour tourner autour des sujets de l'amour. On se dispute sur le rôle de la femme, sur l'évolution des sentiments amoureux, sur le désir. On publie des manuels de galanterie et de savoir-vivre. Mais, sous l'apparence de la légèreté, se dessine une société figée et profondément inégalitaire.

**À retenir**

**Les salons**
On y parle philosophie, sciences… et sentiments.

## Les classes sociales

La société est divisée en quatre corps. La noblesse a accès aux plus hauts postes de l'État et de l'armée; elle vit nettement au-dessus de ses moyens. À ses côtés, le clergé constate une baisse des vocations, même si le sentiment religieux demeure très puissant; il garde le contrôle de l'école. La bourgeoisie est en pleine expansion. Le commerce l'enrichit, mais elle souffre de se voir interdire des fonctions supérieures. Enfin, la foule des paysans et des artisans, bien éloignée des folies parisiennes, vit de la même façon depuis des siècles.

## La femme

Les mariages de sentiments sont rares. Un mariage est d'abord une alliance entre deux familles. Juridiquement, les femmes demeurent sous la tutelle des hommes: elles ne quittent l'autorité du père que pour obéir à l'époux.

L'époque voit quelques figures marquantes de femmes, comme Mme du Deffand, qui vit sans son mari et ouvre un salon, Mme de Tencin, ou Julie de Lespinasse, la future compagne de Diderot. Ces femmes « émancipées » sont bien rares ; mais dans leurs salons on peut débattre d'un sujet bien moderne : le mariage d'inclination, qui a fait une apparition marquée. La femme revendique une prise en compte de ses sentiments. Elle est généralement bien loin de l'obtenir, et peu de pères ressemblent au M. Orgon du *Jeu de l'amour et du hasard*.

À retenir

**La femme** est sous la tutelle d'un père puis d'un mari.

# Le développement économique et industriel

Pour restaurer un royaume au bord de la ruine, le Régent a conduit une politique d'apaisement avec ses voisins européens. Il libère les énergies économiques emprisonnées par le régime autocratique de Louis XIV. Sans remettre en cause le système de castes qui régit la société française, il permet à des bourgeois non nobles d'accéder à certaines charges. À l'imitation de l'Angleterre se développe une industrie lourde, nécessitant de gros rassemblements de capitaux et donc l'émergence d'un système bancaire organisé. La France, un peu partout, s'industrialise.

Passé la banqueroute de Law en 1720, l'époque connaît un développement économique important. Pour la première fois, aucune guerre ne se déroule sur le territoire français. Les ministres promeuvent une expansion coloniale : les Français sont aux Indes, en Afrique, au Canada. Le commerce de la traite des esclaves noirs fait la fortune des ports de Nantes, La Rochelle, Bordeaux, et provoque l'afflux de denrées nouvelles, comme le chocolat.

## Louis le Bien-Aimé

Louis XV est jeune, Louis XV est beau. Il veut voir autour de lui de la jeunesse et de la beauté. Ses goûts sont bien plus simples que ceux de son aïeul ; aux tableaux de bataille, il préfère les scènes de genre, les natures mortes de Chardin ou des Hollandais, les paysages calmes et souriants de Watteau.

La science et la philosophie sont permises à la Cour, si elles obéissent à la mode : les académiciens transforment les expériences scientifiques en petits spectacles, tandis que la philosophie se discute au café, tout en jouant aux échecs qui font fureur.

## Les nouvelles pensées philosophiques

Il n'y a pas à proprement parler de début aux « Lumières ». Mais on remarque dans toute l'Europe, dès le début du XVIIIe siècle, une ouverture d'esprit, une curiosité bien étrangères au siècle précédent. Les monarques, les premiers, se veulent « éclairés ». Bien entendu, personne ne songe à remettre en cause les pouvoirs royaux, mais ces pouvoirs s'humanisent. Les rois voyagent et veulent apprendre à bien gouverner. Le cas extrême étant celui du tsar Pierre le Grand qui quitte sa Russie natale pour travailler sur les chantiers navals d'Amsterdam, construit lui-même sa maison et suit des cours de physique et de médecine.

Les idées et les hommes circulent rapidement en Europe. L'exemple de l'Angleterre, où le pouvoir du roi est limité par celui du Parlement, inspire les philosophes. Pour la première fois, le nombre de livres religieux est dépassé par celui des essais et des romans. La bibliothèque devient indispensable à l'« honnête homme » qui se doit de connaître les derniers écrits à la mode. De nombreux ouvrages sont interdits ; mais on les retrouve partout, même à la Cour…

À retenir

**Les Lumières**
Ce mouvement philosophique se caractérise par la foi dans la Raison, la volonté de penser et de juger par soi-même.

# La langue française

On parle en français dans les cours européennes, de Stockholm à Naples et de Madrid à Berlin. Le français est la langue diplomatique, la langue des philosophes. Il a détrôné le latin chez les scientifiques. Quand, dans les années 1750, Diderot et d'Alembert lancent *L'Encyclopédie*, un vaste dictionnaire du savoir technique et philosophique, l'ouvrage est en français et n'a nul besoin de traduction pour être vendu dans toute l'Europe.

# Le théâtre

Les Parisiens aisés se divertissent dans les salles de spectacle officielles : la Comédie-Française, l'Opéra et, à partir de 1716, le Théâtre-Italien.

Les lieux privés sont nombreux. Des représentations se déroulent dans des salons ; les aristocrates aiment aussi à se déguiser et à interpréter leurs personnages favoris.

Mais la tradition de la grande tragédie classique, héritée du siècle de Louis XIV, s'épuise.

Quand la troupe de Romagnesi s'installe à Paris, elle apporte un souffle neuf et bouscule des habitudes. Ses comédiens, rompus aux exercices de l'improvisation, se renouvellent plus aisément que ceux de la Comédie-Française englués dans l'emphase. Ce sont ces comédiens italiens que Marivaux va choisir pour jouer la majorité de ses pièces : il apprécie la modernité de leur jeu.

Dans les périodes d'ouverture, et la Régence en est une, le théâtre aborde plus facilement les enjeux de société : il devient le miroir de son temps. Les comédies traitent de thèmes comme l'argent, le mariage, la condition sociale, sujets que la grande tragédie méprise. Sous l'apparence du divertissement, le théâtre explore les profondeurs de la société.

**À retenir**

**Le Théâtre-Italien**
La *commedia dell'arte* et le travail d'improvisation apportent un air neuf au théâtre parisien.

**Les comédiens-italiens chassés de Paris en 1697.**

# Marivaux en son temps

| | Vie et œuvre de Marivaux | Événements historiques et culturels |
|---|---|---|
| **1688** | Naissance à Paris (4 février) de Pierre Carlet, baptisé à la paroisse Saint-Gervais. | Début de la guerre de la ligue d'Augsbourg.<br>La Bruyère : *Les Caractères*. |
| **1694** | | Famine en Europe.<br>Naissance de Voltaire. |
| **1697** | | Expulsion des comédiens-italiens par ordre du roi. |
| **1698** | Probable installation à Riom, où le père de Marivaux est contrôleur puis directeur de la Monnaie. | |
| **1699** | | Mort de Racine. |
| **1707** | | Naissances de Goldoni et de Crébillon fils. |
| **1708** | Probable installation à Limoges.<br>Première comédie : *Le Père prudent et équitable*. | |
| **1710** | Études de droit à Paris.<br>Fréquentation des salons et des « Modernes » comme Fontenelle. | La Comédie-Française obtient l'interdiction du langage parlé sur les théâtres de foire. |
| **1713** | Abandon des études de droit.<br>Rédaction des *Effets surprenants de la sympathie* (roman). | Naissance de Diderot. |
| **1715** | | Mort de Louis XIV. Régence de Philippe d'Orléans.<br>Lesage : *Histoire de Gil Blas de Santillane*. |
| **1716** | *L'Iliade travestie* (poème burlesque). | Le banquier écossais Law s'installe à Paris.<br>Le Régent rappelle les comédiens-italiens (troupe de Riccoboni). |
| **1717** | Mariage avec Colombe Bologne (juillet). Débuts dans le journalisme, au *Mercure*. | Voltaire embastillé.<br>Naissance de d'Alembert. |

| | Vie et œuvre de Marivaux | Événements historiques et culturels |
|---|---|---|
| **1718** | Naissance de sa fille Colombe-Prospère. | |
| **1720** | Ruine de Marivaux des suites de la banqueroute de Law. *Annibal* (tragédie) représentée par les comédiens-français est un échec. *Arlequin poli par l'amour* (comédie), succès au Théâtre-Italien. | Traduction de *Robinson Crusoé* de Daniel Defoe. Watteau : *L'Amour au Théâtre-Français* et *L'Amour au Théâtre-Italien.* |
| **1721** | Marivaux fonde *Le Spectateur français.* | Montesquieu : *Lettres persanes.* Mort de Watteau. |
| **1722** | *La Surprise de l'amour* (mai) reçoit les éloges du *Mercure* et triomphe au Théâtre-Italien. | Rameau : *Traité d'harmonie.* |
| **1723** | Mort probable de la femme de Marivaux. *La Double Inconstance* (avril), succès au Théâtre-Italien. | Début du règne de Louis XV. Saint-Simon commence la rédaction de ses *Mémoires.* |
| **1724** | *Le Prince travesti. La Fausse Suivante. Le Dénouement imprévu.* Dernier numéro du *Spectateur français.* | Bach : *Passion selon saint Jean.* |
| **1725** | *L'Île des esclaves* et *L'Héritier de village* au Théâtre-Italien. | Mariage de Louis XV et de Marie Leszczynska. |
| **1727** | *La Seconde Surprise de l'amour* et *L'Île de la raison* au Théâtre-Français. | Mort de Newton. Traduction des *Voyages de Gulliver* de Swift. |
| **1730** | *Le Jeu de l'amour et du hasard* au Théâtre-Italien. | |
| **1731** | Début de *La Vie de Marianne* (roman) dont la parution s'étale jusqu'en 1741. | Abbé Prévost : *Manon Lescaut.* |
| **1732** | *Le Triomphe de l'amour*, grand succès à la Cour. | Naissances de Beaumarchais et de Fragonard. |
| **1734** | *La Méprise. Le Petit-Maître corrigé. Le Paysan parvenu* (roman inachevé). | Depuis octobre 1733, guerre de Succession de Pologne. |

| | Vie et œuvre de Marivaux | Événements historiques et culturels |
|---|---|---|
| **1735** | *La Mère confidente.* | Rameau : *Les Indes galantes* (opéra-ballet). |
| **1736** | *Le Legs.* Reprises avec succès de *La Double Inconstance* et de *L'Île des esclaves.* | Crébillon fils : *Les Égarements du cœur et de l'esprit.* |
| **1737** | *Les Fausses Confidences*, échec. | Rameau : *Castor et Pollux* (opéra). |
| **1739** | *Les Sincères.* | Guerre anglo-espagnole. |
| **1740** | *L'Épreuve.* | Début de la guerre de Succession d'Autriche. |
| **1742** | Marivaux élu à l'Académie française, contre Voltaire. | En Inde, Dupleix lutte contre l'influence anglaise. |
| **1744** | *La Dispute.* | Révolte des soyeux à Lyon. Guerres coloniales entre la France et l'Angleterre. |
| **1745** | | Mme de Pompadour, favorite de Louis XV. Mort de Swift. |
| **1746** | Colombe-Prospère prononce ses vœux à l'Abbaye du Trésor, près des Andelys. *Le Préjugé vaincu.* | |
| **1748** | | Montesquieu : *De l'esprit des lois.* |
| **1751** | | Début de l'*Encyclopédie* dirigée par Diderot et d'Alembert. |
| **1753** | Marivaux reçoit une pension du roi. | |
| **1754** | *L'Éducation d'un prince* (dialogue politique). | Crébillon fils : *La Nuit et le Moment* (roman licencieux). |
| **1755** | *La Femme fidèle.* | Tremblement de terre à Lisbonne. |
| **1756** | | Début de la guerre de Sept Ans. |
| **1757** | *Les Acteurs de bonne foi*, non représentée du vivant de l'auteur. | Attentat de Damiens contre Louis XV. |
| **1762** | | Fusion de la Comédie-Italienne et de l'Opéra-Comique. |
| **1763** | Mort de Marivaux à Paris le 12 février. | Traité de Paris, qui met fin à la guerre de Sept Ans. |

# Le Jeu de l'amour et du hasard

## Marivaux

Comédie en trois actes et en prose,
représentée pour la première fois
par les comédiens-italiens ordinaires du roi,
le lundi 23 janvier 1730.

# *Acteurs*

MONSIEUR ORGON.

MARIO.

SILVIA.

DORANTE.

LISETTE, femme de chambre de Silvia.

ARLEQUIN, valet de Dorante.

Un laquais.

*La scène est à Paris.*

# Acte Premier

## *Scène première*    Silvia, Lisette

Silvia – Mais encore une fois, de quoi vous mêlez-vous ? pourquoi répondre de[1] mes sentiments ?

Lisette – C'est que j'ai cru que, dans cette occasion-ci, vos sentiments ressembleraient à ceux de tout le monde. Monsieur votre père me demande si vous êtes bien aise qu'il vous marie, si vous en avez quelque joie : moi je lui réponds qu'oui ; cela va tout de suite[2] ; et il n'y a peut-être que vous de fille au monde, pour qui ce *oui*-là ne soit pas vrai ; le *non* n'est pas naturel.

Silvia – Le *non* n'est pas naturel ! quelle sotte naïveté ! Le mariage aurait donc de grands charmes pour vous ?

Lisette – Eh bien, c'est encore *oui*, par exemple.

*passage analysé*

notes..............................................................................................................

| **1. de :** au sujet de. | **2. tout de suite :** de soi.

**27**

SILVIA – Taisez-vous, allez répondre vos impertinences ailleurs, et sachez que ce n'est pas à vous à juger de mon cœur par le
15     vôtre.

LISETTE – Mon cœur est fait comme celui de tout le monde ; de quoi le vôtre s'avise-t-il de n'être fait comme celui de personne ?

SILVIA – Je vous dis que, si elle osait, elle m'appellerait une
20     originale.

LISETTE – Si j'étais votre égale, nous verrions.

SILVIA – Vous travaillez à me fâcher, Lisette.

LISETTE – Ce n'est pas mon dessein ; mais dans le fond, voyons, quel mal ai-je fait de dire à Monsieur Orgon que vous étiez
25     bien aise d'être mariée ?

SILVIA – Premièrement, c'est que tu n'as pas dit vrai, je ne m'ennuie pas d'être fille.

LISETTE – Cela est encore tout neuf.

SILVIA – C'est qu'il n'est pas nécessaire que mon père croie me
30     faire tant de plaisir en me mariant, parce que cela le fait agir avec une confiance qui ne servira peut-être de rien.

LISETTE – Quoi ! vous n'épouserez pas celui qu'il vous destine ?

SILVIA – Que sais-je, peut-être ne me conviendra-t-il point, et cela m'inquiète.

35 LISETTE – On dit que votre futur est un des plus honnêtes[1] du monde, qu'il est bien fait, aimable, de bonne mine, qu'on ne peut pas avoir plus d'esprit, qu'on ne saurait être d'un meilleur caractère ; que voulez-vous de plus ? Peut-on se figurer de mariage plus doux ? d'union plus délicieuse ?

40 SILVIA – Délicieuse ! que tu es folle avec tes expressions !

*note*................................................................

| **1. honnêtes** : honorables, distingués.

**28**

LISETTE – Ma foi, Madame, c'est qu'il est heureux qu'un amant[1] de cette espèce-là veuille se marier dans les formes ; il n'y a presque point de fille, s'il lui faisait la cour, qui ne fût en danger de l'épouser sans cérémonie ; aimable, bien fait, voilà de quoi vivre pour l'amour[2] ; sociable et spirituel, voilà pour l'entretien de la société[3]. Pardi ! tout en sera bon, dans cet homme-là : l'utile et l'agréable, tout s'y trouve.

SILVIA – Oui, dans le portrait que tu en fais, et on dit qu'il y ressemble, mais c'est un *on dit*, et je pourrais bien n'être pas de ce sentiment-là, moi. Il est bel homme, dit-on, et c'est presque tant pis.

LISETTE – Tant pis, tant pis, mais voilà une pensée bien hétéroclite[4] !

SILVIA – C'est une pensée de très bon sens ; volontiers un bel homme est fat[5], je l'ai remarqué.

LISETTE – Oh, il a tort d'être fat ; mais il a raison d'être beau.

SILVIA – On ajoute qu'il est bien fait ; passe.

LISETTE – Oui-da, cela est pardonnable.

SILVIA – De beauté et de bonne mine, je l'en dispense, ce sont là des agréments superflus.

LISETTE – Vertuchoux ![6] si je me marie jamais, ce superflu-là sera mon nécessaire.

SILVIA – Tu ne sais ce que tu dis. Dans le mariage, on a plus souvent à faire à l'homme raisonnable qu'à l'aimable homme : en un mot, je ne lui demande qu'un bon caractère, et cela est plus difficile à trouver qu'on ne pense. On loue beaucoup le sien, mais qui est-ce qui a vécu avec lui ? Les hommes ne se

passage analysé

notes

**1. amant :** amoureux qui s'est déclaré.
**2. vivre pour l'amour :** faire vivre et durer l'amour.
**3. voilà pour l'entretien de la société :** voilà de quoi favoriser la vie en commun.

**4. hétéroclite :** bizarre, ridicule.
**5. fat :** sot, impertinent.
**6. Vertuchoux ! :** juron burlesque employé par les valets et les servantes.

contrefont-ils[1] pas, surtout quand ils ont de l'esprit ? N'en ai-
je pas vu, moi, qui paraissaient, avec leurs amis, les meilleures
gens du monde ? C'est la douceur, la raison, l'enjouement
même ; il n'y a pas jusqu'à leur physionomie qui ne soit
garante de toutes les bonnes qualités qu'on leur trouve.
Monsieur un tel a l'air d'un galant homme[2], d'un homme
bien raisonnable, disait-on tous les jours d'Ergaste[3] : aussi l'est-
il, répondait-on ; je l'ai répondu moi-même ; sa physionomie
ne vous ment pas d'un mot. Oui, fiez-vous-y à cette physionomie si douce, si prévenante, qui disparaît un quart d'heure
après pour faire place à un visage sombre, brutal, farouche, qui
devient l'effroi de toute une maison ! Ergaste s'est marié ; sa
femme, ses enfants, son domestique[4], ne lui connaissent
encore que ce visage-là, pendant qu'il promène partout
ailleurs cette physionomie si aimable que nous lui voyons, et
qui n'est qu'un masque qu'il prend au sortir de chez lui.

LISETTE – Quel fantasque[5] avec ces deux visages !

SILVIA – N'est-on pas content de Léandre quand on le voit ? Eh
bien, chez lui, c'est un homme qui ne dit mot, qui ne rit ni
qui ne gronde, c'est une âme glacée, solitaire, inaccessible. Sa
femme ne la connaît point, n'a point de commerce[6] avec elle,
elle n'est mariée qu'avec une figure qui sort d'un cabinet[7], qui
vient à table, et qui fait expirer de langueur, de froid et d'ennui, tout ce qui l'environne. N'est-ce pas là un mari bien
amusant ?

LISETTE – Je gèle au récit que vous m'en faites ; mais Tersandre,
par exemple ?

**notes**

1. **ne se contrefont-ils** : ne simulent-ils.
2. **galant homme** : homme qui a de bonnes manières, qui sait se comporter en société.
3. **Ergaste, Léandre, Tersandre** : noms de jeunes premiers de comédie.
4. **son domestique** : sa domesticité, son personnel.

5. **fantasque** : homme au comportement surprenant.
6. **commerce** : relations.
7. **cabinet** : pièce où l'on peut s'isoler pour travailler.

passage analysé

95 SILVIA – Oui, Tersandre ! Il venait l'autre jour de s'emporter contre sa femme ; j'arrive ; on m'annonce ; je vois un homme qui vient à moi les bras ouverts, d'un air serein, dégagé ; vous auriez dit qu'il sortait de la conversation la plus badine ; sa bouche et ses yeux riaient encore. Le fourbe ! Voilà ce que
100 c'est que les hommes. Qui est-ce qui croit que sa femme est à plaindre avec lui ? Je la trouvai toute abattue, le teint plombé[1], avec des yeux qui venaient de pleurer, je la trouvai comme je serai peut-être, voilà mon portrait à venir : je vais du moins risquer d'en être une copie. Elle me fit pitié, Lisette ; si j'allais
105 te faire pitié aussi ! Cela est terrible ! Qu'en dis-tu ? Songe à ce que c'est qu'un mari.

LISETTE – Un mari ? c'est un mari ; vous ne deviez pas finir par ce mot-là, il me raccommode avec tout le reste.

# Scène II   MONSIEUR ORGON, SILVIA, LISETTE

MONSIEUR ORGON – Eh ! bonjour, ma fille. La nouvelle que je
110 viens t'annoncer te fera-t-elle plaisir ? Ton prétendu[2] arrive aujourd'hui ; son père me l'apprend par cette lettre-ci. Tu ne me réponds rien, tu me parais triste ? Lisette de son côté baisse les yeux. Qu'est-ce que cela signifie ? Parle donc, toi. De quoi s'agit-il ?
115 LISETTE – Monsieur, un visage qui fait trembler, un autre qui fait mourir de froid, une âme gelée qui se tient à l'écart ; et puis le portrait d'une femme qui a le visage abattu, un teint plombé, des yeux bouffis et qui viennent de pleurer ; voilà, Monsieur, tout ce que nous considérons avec tant de recueillement.

passage analysé

notes
| **1. plombé**: grisâtre, livide.   | **2. prétendu**: fiancé.

**31**

120 MONSIEUR ORGON – Que veut dire ce galimatias[1]? Une âme!
Un portrait! Explique-toi donc, je n'y entends[2] rien.

SILVIA – C'est que j'entretenais Lisette du malheur d'une femme
maltraitée par son mari; je lui citais celle de Tersandre, que je
trouvai l'autre jour fort abattue, parce que son mari venait de
125 la quereller, et je faisais là-dessus mes réflexions.

LISETTE – Oui, nous parlions d'une physionomie qui va et qui
vient; nous disions qu'un mari porte un masque avec le
monde, et une grimace avec sa femme.

MONSIEUR ORGON – De tout cela, ma fille, je comprends que
130 le mariage t'alarme, d'autant plus que tu ne connais point
Dorante.

LISETTE – Premièrement, il est beau, et c'est presque tant pis.

MONSIEUR ORGON – Tant pis! Rêves-tu avec ton tant pis?

LISETTE – Moi, je dis ce qu'on m'apprend; c'est la doctrine de
135 Madame, j'étudie sous elle[3].

MONSIEUR ORGON – Allons, allons, il n'est pas question de tout
cela. Tiens, ma chère enfant, tu sais combien je t'aime.
Dorante vient pour t'épouser: dans le dernier voyage que je
fis en province, j'arrêtai ce mariage-là avec son père, qui est
140 mon intime et mon ancien ami; mais ce fut à condition que
vous vous plairiez à tous deux, et que vous auriez entière
liberté de vous expliquer là-dessus: je te défends toute
complaisance à mon égard. Si Dorante ne te convient point,
tu n'as qu'à le dire, et il repart; si tu ne lui convenais pas,
145 il repart de même.

LISETTE – Un duo de tendresse en décidera, comme à l'Opéra:
vous me voulez, je vous veux, vite un notaire! ou bien:
m'aimez-vous? non; ni moi non plus; vite à cheval!

*passage analysé*

notes

| 1. **ce galimatias**: ces paroles confuses, embrouillées. | 2. **entends**: comprends. |
| | 3. **sous elle**: sous ses ordres. |

MONSIEUR ORGON – Pour moi, je n'ai jamais vu Dorante ; il
était absent quand j'étais chez son père ; mais sur tout le bien
qu'on m'en a dit, je ne saurais craindre que vous vous remer-
ciiez[1] ni l'un ni l'autre.

SILVIA – Je suis pénétrée de vos bontés, mon père. Vous me
défendez toute complaisance, et je vous obéirai.

MONSIEUR ORGON – Je te l'ordonne.

SILVIA – Mais si j'osais, je vous proposerais, sur une idée qui me
vient, de m'accorder une grâce qui me tranquilliserait tout à
fait.

MONSIEUR ORGON – Parle ; si la chose est faisable, je te
l'accorde.

SILVIA – Elle est très faisable ; mais je crains que ce ne soit abuser
de vos bontés.

MONSIEUR ORGON – Eh bien ! abuse. Va, dans ce monde, il faut
être un peu trop bon pour l'être assez.

LISETTE – Il n'y a que le meilleur de tous les hommes qui puisse
dire cela.

MONSIEUR ORGON – Explique-toi, ma fille.

SILVIA – Dorante arrive ici aujourd'hui ; si je pouvais le voir,
l'examiner un peu sans qu'il me connût ! Lisette a de l'esprit,
Monsieur ; elle pourrait prendre ma place pour un peu de
temps, et je prendrais la sienne.

MONSIEUR ORGON, *à part.* – Son idée est plaisante. *(Haut.)*
Laisse-moi rêver un peu à ce que tu me dis là. *(À part.)* Si je la
laisse faire, il doit arriver quelque chose de bien singulier. Elle
ne s'y attend pas elle-même… *(Haut.)* Soit, ma fille, je te permets le déguisement. Es-tu bien sûre de soutenir le tien[2],
Lisette ?

**notes**

| **1. remerciiez :** refusez mutuellement. | **2. soutenir le tien :** pouvoir tenir ton rôle.

33

LISETTE – Moi, Monsieur, vous savez qui je suis, essayez de m'en conter[1], et manquez de respect, si vous l'osez, à cette contenance-ci ; voilà un échantillon des bons airs avec lesquels je vous attends. Qu'en dites-vous ? hein ? retrouvez-vous Lisette ?

180

MONSIEUR ORGON – Comment donc ! je m'y trompe actuellement moi-même. Mais il n'y a point de temps à perdre ; va t'ajuster[2] suivant ton rôle. Dorante peut nous surprendre. Hâtez-vous, et qu'on donne le mot à toute la maison.

185

SILVIA – Il ne me faut presque qu'un tablier.

LISETTE – Et moi je vais à ma toilette ; venez m'y coiffer, Lisette, pour vous accoutumer à vos fonctions ; un peu d'attention à votre service, s'il vous plaît.

SILVIA – Vous serez contente, Marquise ; marchons !

190

# Scène III MARIO, MONSIEUR ORGON, SILVIA

MARIO – Ma sœur, je te félicite de la nouvelle que j'apprends ; nous allons voir ton amant[3], dit-on.

SILVIA – Oui, mon frère, mais je n'ai pas le temps de m'arrêter : j'ai des affaires sérieuses, et mon père vous les dira. Je vous quitte.

195

# Scène IV MONSIEUR ORGON, MARIO

MONSIEUR ORGON – Ne l'amusez pas[4], Mario, venez, vous saurez de quoi il s'agit.

*notes*

1. **m'en conter**: me faire la cour.
2. **t'ajuster**: te préparer, t'habiller.
3. **amant**: fiancé.

4. **Ne l'amusez pas**: ne lui faites pas perdre son temps.

passage analysé

MARIO – Qu'y a-t-il de nouveau, Monsieur?

MONSIEUR ORGON – Je commence par vous recommander
d'être discret sur ce que je vais vous dire, au moins.

MARIO – Je suivrai vos ordres.

MONSIEUR ORGON – Nous verrons Dorante aujourd'hui; mais
nous ne le verrons que déguisé.

MARIO – Déguisé! Viendra-t-il en partie de masque[1]? Lui
donnerez-vous le bal?

MONSIEUR ORGON – Écoutez l'article[2] de la lettre du père.
Hum… «*Je ne sais au reste ce que vous penserez d'une imagination[3] qui est venue à mon fils; elle est bizarre; il en convient lui-
même; mais le motif est pardonnable et même délicat: c'est qu'il m'a
prié de lui permettre de n'arriver d'abord chez vous que sous la figure
de son valet, qui de son côté fera le personnage de son maître.*»

MARIO – Ah, ah! cela sera plaisant.

MONSIEUR ORGON – Écoutez le reste… «*Mon fils sait combien
l'engagement qu'il va prendre est sérieux; il espère, dit-il, sous ce
déguisement de peu de durée, saisir quelques traits du caractère de
notre future[4] et la mieux connaître, pour se régler[5] ensuite sur ce qu'il
doit faire, suivant la liberté que nous sommes convenus de leur laisser.
Pour moi, qui m'en fie bien à ce que vous m'avez dit de votre
aimable fille, j'ai consenti à tout en prenant la précaution de vous
avertir, quoiqu'il m'ait demandé le secret de votre côté. Vous en userez
là-dessus avec la future comme vous le jugerez à propos…*» Voilà ce
que le père m'écrit. Ce n'est pas le tout, voici ce qui arrive:
c'est que votre sœur, inquiète de son côté sur le chapitre de
Dorante, dont elle ignore le secret, m'a demandé de jouer ici
la même comédie, et cela précisément pour observer Dorante,

*passage analysé*

notes ..................................................................................................................

**1. en partie de masque:** habillé comme
pour un bal masqué.
**2. l'article:** ce passage.

**3. *imagination*:** fantaisie, idée saugrenue.
**4. *future*:** fiancée.
**5. *se régler*:** décider.

comme Dorante veut l'observer. Qu'en dites-vous ? Savez-vous rien de plus particulier[1] que cela ? Actuellement, la maîtresse et la suivante se travestissent. Que me conseillez-vous, Mario ? Avertirai-je votre sœur on non ?

230 MARIO – Ma foi, Monsieur, puisque les choses prennent ce train-là, je ne voudrais pas les déranger, et je respecterais l'idée qui leur est inspirée à l'un et à l'autre ; il faudra bien qu'ils se parlent souvent tous deux sous ce déguisement. Voyons si leur cœur ne les avertirait pas de ce qu'ils valent. Peut-être que 235 Dorante prendra du goût[2] pour ma sœur, toute soubrette qu'elle sera, et cela serait charmant pour elle.

MONSIEUR ORGON – Nous verrons un peu comment elle se tirera d'intrigue[3].

MARIO – C'est une aventure qui ne saurait manquer de nous 240 divertir. Je veux me trouver au début et les agacer[4] tous deux.

**suite, p. 49**

*passage analysé*

---

notes

1. **particulier** : singulier, extraordinaire.
2. **du goût** : de l'inclination.
3. **d'intrigue** : d'embarras.

4. **les agacer** : leur faire des agaceries, les provoquer.

**« Nous verrons comment elle se tirera d'intrigue »**

Lecture analytique des scènes 1 à 4 de l'acte I, pp. 27 à 36.

Dans la première scène, Silvia décrit les mariages malheureux de quelques amies et défend son idée : les maris jouent des rôles bien différents auprès de leur femme et dans la société. Elle aimerait « démasquer » son futur, le voir au naturel. Quoi de mieux pour l'observer sans être vue que de porter soi-même un masque ? Silvia veut, par le *jeu*, acquérir la certitude de l'*amour* et refuser le *hasard*. Mais le hasard se produit à son insu : son fiancé a la même idée qu'elle.

À la fin de la scène 4, les ingrédients sont disposés pour l'intrigue. Nous connaissons la maisonnée : Silvia, seul élément féminin de la famille ; Mario, son frère, serein et confiant ; Orgon, le sage et bon père. Tous forment une famille unie, qui traite la servante Lisette avec tendresse. Le sujet de la pièce est le mariage prochain de Silvia : il ne sera pas question d'autre chose. Avec *Le Jeu de l'amour et du hasard*, Marivaux est loin des comédies d'aventures et de rebondissements.

Les personnages vont dès lors jouer des rôles bien différents. Silvia, qui est à l'initiative du travestissement, croit maîtriser la situation : il n'en est rien. Seuls Orgon et Mario connaissent toutes les ficelles. Ils vont se comporter désormais en complices du spectateur.

## Une scène d'exposition originale

La première scène expose généralement le thème principal de la pièce. Silvia, une jeune fille de rang social élevé, parle avec sa suivante Lisette. Il est question d'un mariage arrangé par son père. À cette époque, la plupart des mariages sont organisés par les pères de famille qui se créent ainsi des alliances. Il est rare que les jeunes gens soient consultés. Le sentiment n'intervient pas. Dans beaucoup de pièces, chez Molière par exemple, la jeune fille à marier n'est pas d'accord avec le choix du père. Souvent, elle aime un autre homme ; elle va agir pour déjouer le plan paternel et amener son père à accepter le mari qu'elle a choisi. Le spectateur s'attend alors à des aventures, des déguisements, jusqu'à ce que les amants triomphent de l'adversité.

Ici, Silvia n'est pas amoureuse d'un autre homme ; elle n'éprouve pas le besoin de se battre contre ce mariage. Simplement, elle veut s'assurer que son mari lui conviendra. La scène 1 commence au milieu d'un dialogue, avec des personnages en pleine effervescence. L'affrontement entre maîtresse et servante est une joute verbale : chacune scrute le vocabulaire de l'autre et y cherche des arguments pour défendre sa thèse. Dans cette scène d'exposition, Marivaux présente l'intrigue, comme c'est la règle, mais surtout donne le ton : il sera question, avant tout, de langage et de sentiment, et de la subtile liaison entre langage et sentiment.

................................ **Le milieu social** ................................

❶ Dans quel milieu social sommes-nous ?
❷ Quelles différences y a-t-il entre les expressions de Silvia et celles de Lisette ?

................................ **Les données de l'intrigue** ................................

❸ Imaginez ce que Lisette a dit à Silvia avant la première réplique de la pièce.
❹ Les scènes 1, 2 et 4 apportent chacune un élément nouveau pour le développement de l'intrigue. Quels sont-ils ?

## Que veut dire le titre ?

Au théâtre comme au cinéma, le spectateur se fait une idée préconçue à partir du titre, qui est à la fois un programme et une promesse. À la lecture de l'affiche, nous devinons le genre de la pièce : comédie, tragédie ou tragi-comédie ; parmi les comédies, s'il s'agit d'une comédie d'aventures, d'une farce, d'une comédie de mœurs ou d'une comédie de sentiments. *Les Fourberies de Scapin* promet une farce, *La Mort de Sénèque* une tragédie. *Le Jeu de l'amour et du hasard* est un titre abstrait : il ne contient ni nom de personnage, ni nom de lieu, ni référence à une époque. C'est aussi un titre ambigu. Il peut aussi bien s'agir d'un jeu auquel se livreraient l'Amour et le Hasard, personnifiés comme des dieux antiques, que de l'histoire de quelqu'un qui joue avec l'amour et le hasard, ou encore d'une simple comédie (« *Jeu* ») qui fait intervenir ces deux éléments. Le titre intrigue donc le spectateur, qui se demande de quoi il sera question.

Un titre a aussi une musique, une sonorité particulières. Il est plus ou moins sec ou agressif. Les titres chez Marivaux sont souvent doux. Ils présagent d'une comédie heureuse et légère : *Le Triomphe de l'amour*, *Le Prince travesti*…

........................ **Un titre abstrait, ambigu et intrigant** ........................

❺ Comment expliquez-vous le titre de la pièce ?
❻ À votre avis, pourquoi le titre ne contient-il aucun nom de personnage ?
❼ Au vu du titre, à quel type de spectacle vous attendez-vous ?
❽ Analysez la sonorité du titre de la pièce.

........................ **Choisir son titre** ........................

❾ À la lecture des quatre premières scènes, quels autres titres pourriez-vous donner à cette pièce ?

# Comment sont présentés les personnages ?

Ce que nous savons des personnages provient de deux sources : leurs actions et paroles, sur le plateau ; ce qu'on apprend d'eux en leur absence, par des descriptions indirectes.
Le dialogue entre Silvia et Lisette a commencé avant le lever de rideau. Il nous apprend autant sur l'intrigue que sur les carac-

tères des jeunes femmes et leurs positions sociales. Lisette et Silvia sont les deux seules femmes de la pièce; elles en sont également un enjeu. À la fin, leur situation aura définitivement changé, à travers le mariage.

Les deux femmes se livrent à une description des hommes de leur entourage. C'est d'abord Dorante, le fiancé, paré de toutes les vertus par Lisette. Silvia répond par des descriptions de « caractères » de maris peu agréables, citant des Ergaste, Léandre et Tersandre que nous ne verrons pas.

On le voit, la pièce est placée sous le signe de *l'observation*. Par la précision de ses portraits, Silvia se présente comme une personnalité sensible, fine, attentive aux autres et aux détails des intonations. Mais il s'agit encore, dans ce début, d'une analyse froide; la conversation sur les qualités des maris semble sortir d'un salon où de beaux esprits débattent de sujets divers; l'amour va dérégler cette belle mécanique. Lisette, elle, observe sa maîtresse pour démêler le vrai (le sincère) du faux (la pose, le calcul). La pièce fonctionne, dès ce début, comme un jeu de miroirs. L'étude du langage de l'autre est un élément clé dans ce dispositif.

Les deux hommes présents dans cette première partie d'acte, Orgon et Mario, sont immédiatement donnés pour ce qu'ils sont: le père et le frère de l'héroïne. Plus l'information est rapidement donnée, plus vite l'intrigue peut se développer.

## Les portraits des absents

⑩ Comment s'exprime le doute de Silvia sur les qualités supposées de Dorante?

⑪ Comment Silvia voit-elle les hommes en général?

⑫ Relevez dans le texte de Silvia les termes relatifs à l'expression du visage. De quoi Silvia a-t-elle peur?

## Les caractères des présents

⑬ Que voyons-nous du caractère de Lisette? Semble-t-elle partager les craintes de sa maîtresse?

⑭ Comment s'exprime la bonne humeur de Lisette?

Les premières lignes d'un ouvrage dramatique\* peuvent être écrites de façons très diverses. Tantôt, l'auteur choisit d'exposer rapidement les principaux éléments de l'intrigue, comme Molière dans *Les Fourberies de Scapin*: cette méthode si directe ajoute au comique du dialogue. Tantôt, l'information est distillée dans plusieurs scènes – ce qui permet, quand l'intrigue est complexe, de ne pas étouffer le spectateur par un catalogue de données. De nombreuses pièces débutent par une rencontre: deux personnages sont amenés à échanger des informations. L'art du dramaturge est de rendre cette exposition naturelle et digeste.

Au XVIII^e siècle, le spectateur ne sait pas toujours ce qu'il va voir. Les retardataires sont nombreux; aussi il n'est pas rare que l'intrigue soit réexposée plusieurs fois. Il faut capter l'attention du spectateur par des débuts parfois très énergiques: des acteurs surgissent sur le plateau au beau milieu de leur conversation. C'est le cas dans *Le Jeu de l'amour et du hasard*: Lisette et Silvia conversent depuis un certain temps quand le rideau se lève.

Enfin, les premières lignes peuvent chercher à surprendre. Le spectateur sera conduit à s'interroger sur ce qu'il voit et entend; il devra reconstruire l'intrigue qui n'est jamais clairement explicitée.

Certains débuts de romans ou de nouvelles sont devenus aussi célèbres que des répliques de théâtre. La musique des premiers mots impose le style de l'auteur et engage le reste de l'ouvrage.

**Texte A: Scène première du *Jeu de l'amour et du hasard* de Marivaux (pp. 27 à 31)**

**Texte B: Molière, *Les Fourberies de Scapin***
*Scapin appartient à la famille des valets débrouillards, comme Trivelin, Sganarelle, parfois Arlequin. Dans la première scène, Octave et Silvestre*

\* *Cf.* Lexique.

*exposent leur impuissance à se sortir d'une situation difficile. L'absence de Scapin dans cette première scène rend sa venue immédiate indispensable.*

OCTAVE – Ah ! fâcheuses[1] nouvelles pour un cœur amoureux ! Dures extrémités[2] où je me vois réduit ! Tu viens, Silvestre, d'apprendre au port que mon père revient ?

SILVESTRE – Oui.

OCTAVE – Qu'il arrive ce matin même ?

SILVESTRE – Ce matin même.

OCTAVE – Et qu'il revient dans la résolution de me marier ?

SILVESTRE – Oui.

OCTAVE – Avec une fille du seigneur Géronte ?

SILVESTRE – Du seigneur Géronte.

OCTAVE – Et que cette fille est mandée[3] de Tarente[4] ici pour cela ?

SILVESTRE – Oui.

OCTAVE – Et tu tiens ces nouvelles de mon oncle ?

SILVESTRE – De votre oncle.

OCTAVE – À qui mon père les a mandées par une lettre ?

SILVESTRE – Par une lettre.

OCTAVE – Et cet oncle, dis-tu, sait toutes nos affaires ?

SILVESTRE – Toutes nos affaires.

OCTAVE – Ah ! parle, si tu veux, et ne te fais point, de la sorte, arracher les mots de la bouche.

SILVESTRE – Qu'ai-je à parler davantage ? Vous n'oubliez aucune circonstance, et vous dites les choses tout justement comme elles sont.

OCTAVE – Conseille-moi, du moins, et me dis ce que je dois faire dans ces cruelles conjonctures[5].

SILVESTRE – Ma foi ! je m'y trouve autant embarrassé que vous, et j'aurais bon besoin que l'on me conseillât moi-même.

OCTAVE – Je suis assassiné[6] par ce maudit retour.

SILVESTRE – Je ne le suis pas moins.

OCTAVE – Lorsque mon père apprendra les choses, je vais voir fondre[7] sur moi un orage soudain d'impétueuses réprimandes.

SILVESTRE – Les réprimandes ne sont rien ; et plût au Ciel que j'en fusse quitte
à ce prix ! mais j'ai bien la mine, pour moi, de payer plus cher vos folies,
et je vois se former de loin un nuage de coups de bâton qui crèvera sur
mes épaules.

OCTAVE – Ô Ciel ! par où sortir de l'embarras où je me trouve ?

SILVESTRE – C'est à quoi vous deviez songer avant que de vous y jeter.

OCTAVE – Ah ! tu me fais mourir par tes leçons hors de saison.

SILVESTRE – Vous me faites bien plus mourir par vos actions étourdies.

OCTAVE – Que dois-je faire ? Quelle résolution prendre ? À quel remède
recourir ?

Molière, *Les Fourberies de Scapin*, scène 1 de l'acte I, 1671.

1. **fâcheuses** : mauvaises. 2. **Dures extrémités** : situation très difficile. 3. **mandée** : deman-
dée, envoyée. 4. **Tarente** : ville de l'Italie du Sud. 5. **conjonctures** : situation (précieux).
6. **assassiné** : accablé (précieux). 7. **fondre** : tomber.

## Texte C : Jean Racine, *Britannicus*

*La confidente de la tragédie classique permet d'établir le dialogue entre
l'héroïne et le spectateur. Elle questionne et s'étonne. Ici, la suivante Albine
surprend Agrippine, mère de l'empereur Néron, errant la nuit dans le palais.
Agrippine confie l'inquiétude que lui cause son fils dont elle devine les
penchants cruels. Elle sera elle-même une des nombreuses victimes.*

ALBINE
Quoi ! tandis que Néron[1] s'abandonne au sommeil,
Faut-il que vous veniez attendre son réveil ?
Qu'errant dans le palais sans suite et sans escorte,
La mère de César[2] veille seule à sa porte ?
Madame, retournez dans votre appartement.

AGRIPPINE[3]
Albine, il ne faut pas s'éloigner un moment.
Je veux l'attendre ici. Les chagrins qu'il me cause
M'occuperont assez tout le temps qu'il repose.
Tout ce que j'ai prédit n'est que trop assuré :
Contre Britannicus[4] Néron s'est déclaré ;
Las de se faire aimer, il veut se faire craindre.
Britannicus le gêne, Albine ; et chaque jour
Je sens que je deviens importune à mon tour.

ALBINE

Quoi ? vous à qui Néron doit le jour qu'il respire,
Qui l'avez appelé de si loin à l'Empire ?
Vous qui, déshéritant le fils de Claudius,
Avez nommé César l'heureux Domitius[5] ?
Tout lui parle, Madame, en faveur d'Agrippine :
Il vous doit son amour.

AGRIPPINE

               Il me le doit, Albine :
Tout, s'il est généreux, lui prescrit cette loi ;
Mais tout, s'il est ingrat, lui parle contre moi.

ALBINE

S'il est ingrat, Madame ! Ah ! toute sa conduite
Marque dans son devoir une âme trop instruite.
Depuis trois ans entiers, qu'a-t-il dit, qu'a-t-il fait
Qui ne promette à Rome un empereur parfait ?
Rome, depuis deux ans par ses soins gouvernée,
Au temps de ses consuls croit être retournée :
Il la gouverne en père. Enfin Néron naissant
A toutes les vertus d'Auguste[6] vieillissant.

AGRIPPINE

Non, non, mon intérêt ne me rend point injuste :
Il commence, il est vrai, par où finit Auguste ;
Mais crains que, l'avenir détruisant le passé,
Il ne finisse ainsi qu'Auguste a commencé.
Il se déguise en vain : je lis sur son visage
Des fiers Domitius l'humeur triste et sauvage.
Il mêle avec l'orgueil qu'il a pris dans leur sang
La fierté des Nérons qu'il puisa dans mon flanc.
Toujours la tyrannie a d'heureuses prémices :
De Rome, pour un temps, Caïus[7] fut les délices ;
Mais sa feinte bonté se tournant en fureur,
Les délices de Rome en devinrent l'horreur.
Que m'importe, après tout, que Néron, plus fidèle,
D'une longue vertu laisse un jour le modèle ?
Ai-je mis dans sa main le timon[8] de l'État
Pour le conduire au gré du peuple et du Sénat ?

Ah! que de la patrie il soit, s'il veut, le père;
Mais qu'il songe un peu plus qu'Agrippine est sa mère.

Jean Racine, Britannicus, scène 1 de l'acte I, 1669.

**1. Néron (37-68):** empereur romain de 54 à 68. Fils de Domitius Ænobarbus et d'Agrippine, neveu de Caligula, arrière-petit-fils de l'empereur Auguste. **2. César:** surnom de tous les empereurs romains. **3. Agrippine:** mère de Néron d'un premier mariage, puis femme de l'empereur Claude (Claudius), qu'elle empoisonna. **4. Britannicus:** fils de l'empereur Claude et de l'impératrice Messaline. **5. Domitius:** nom que portait Néron avant de devenir empereur. **6. Auguste (63 av. J.-C.-14 ap. J.-C.):** empereur romain. **7. Caïus:** Caligula, empereur romain de 37 à 41, célèbre pour sa cruauté. **8. timon:** gouvernail.

## Texte D : Voltaire, *Candide ou l'Optimisme*

*Les contes de Voltaire sont généralement des aventures fantaisistes, dans lesquelles l'auteur épingle les philosophes, les théologiens et les puissants de son temps. Dès le début de* Candide ou l'Optimisme, *Voltaire décrit des personnages ridicules avec une apparente déférence : l'ironie et la bonne humeur accentuent la férocité du propos.*

CHAPITRE PREMIER
« Comment Candide fut élevé dans un beau château,
et comment il fut chassé d'icelui[1]. »

Il y avait en Vestphalie[2], dans le château de monsieur le baron de Thunder-ten-tronckh[3], un jeune garçon à qui la nature avait donné les mœurs les plus douces. Sa physionomie annonçait son âme. Il avait le jugement assez droit, avec l'esprit le plus simple ; c'est, je crois, pour cette raison qu'on le nommait Candide. Les anciens domestiques de la maison soupçonnaient qu'il était fils de la sœur de monsieur le baron, et d'un bon et honnête gentilhomme du voisinage, que cette demoiselle ne voulut jamais épouser, parce qu'il n'avait pu prouver que soixante et onze quartiers[4], et que le reste de son arbre généalogique avait été perdu par l'injure du temps.

Monsieur le baron était un des plus puissants seigneurs de la Vestphalie, car son château avait une porte et des fenêtres. Sa grande salle même était ornée d'une tapisserie. Tous les chiens de ses basses-cours composaient une meute dans le besoin ; ses palefreniers[5] étaient ses piqueurs[6] ; le vicaire du village était son grand aumônier. Ils l'appelaient tous Monseigneur, et ils riaient quand il faisait des contes.

Madame la baronne, qui pesait environ trois cent cinquante livres, s'attirait par là une très grande considération, et faisait les honneurs de la maison avec une dignité qui la rendait encore plus respectable. Sa fille Cunégonde, âgée de dix-sept ans, était haute en couleur, fraîche, grasse, appétissante. Le fils du baron paraissait en tout digne de son père. Le précepteur Pangloss était l'oracle de la maison, et le petit Candide écoutait ses leçons avec toute la bonne foi de son âge et de son caractère.

Pangloss enseignait la métaphysico-théologo-cosmolonigologie. Il prouvait admirablement qu'il n'y a point d'effet sans cause, et que, dans ce meilleur des mondes possibles, le château de monseigneur le baron était le plus beau des châteaux, et madame la baronne la meilleure des baronnes possibles.

« Il est démontré, disait-il, que les choses ne peuvent être autrement : car tout étant fait pour une fin, tout est nécessairement pour la meilleure fin. Remarquez bien que les nez ont été faits pour porter des lunettes ; aussi avons-nous des lunettes. Les jambes sont visiblement instituées pour être chaussées, et nous avons des chausses. Les pierres ont été formées pour être taillées et pour en faire des châteaux ; aussi monseigneur a un très beau château : le plus grand baron de la province doit être le mieux logé ; et les cochons étant faits pour être mangés, nous mangeons du porc toute l'année. Par conséquent, ceux qui ont avancé que tout est bien ont dit une sottise : il fallait dire que tout est au mieux. »

Voltaire, *Candide*, chapitre premier, 1759.

**1. il fut chassé d'icelui :** il en fut chassé (expression médiévale, ici ironique). **2. Vestphalie :** ou Westphalie, région de l'Allemagne occidentale. **3. Thunder-ten-tronckh :** nom inventé et burlesque. On reconnaît les racines *thunder* (en anglais, « tonnerre »), *ten* (en anglais, « dix ») et *tronckh* (qui évoque le français « tronc »). L'ensemble évoque un borborygme guerrier. **4. quartiers :** ascendants nobles. **5. palefreniers :** valets d'écurie. **6. piqueurs :** valets à cheval qui suivent la meute.

## Texte E : Marcel Proust, *Du côté de chez Swann*

*À la recherche du temps perdu, œuvre maîtresse de Marcel Proust (1871-1922), est un vaste roman d'analyse introspective. Les premières lignes du premier tome de la Recherche (Du côté de chez Swann) sont célèbres. On y trouve les principaux thèmes du roman : la conscience et l'inconscient, l'importance des sens (toucher, odorat, goût...) dans la reconstruction de la mémoire perdue.*

Longtemps, je me suis couché de bonne heure. Parfois, à peine ma bougie éteinte, mes yeux se fermaient si vite que je n'avais pas le temps de me dire : « Je m'endors. » Et, une demi-heure après, la pensée qu'il était temps de chercher le sommeil m'éveillait ; je voulais poser le volume que je croyais avoir encore dans les mains et souffler ma lumière ; je n'avais pas cessé en dormant de faire des réflexions sur ce que je venais de lire, mais ces réflexions avaient pris un tour un peu particulier ; il me semblait que j'étais moi-même ce dont parlait l'ouvrage : une église, un quatuor, la rivalité de François Ier et de Charles Quint. Cette croyance survivait pendant quelques secondes à mon réveil ; elle ne choquait pas ma raison, mais pesait comme des écailles sur mes yeux et les empêchait de se rendre compte que le bougeoir n'était plus allumé. Puis elle commençait à me devenir inintelligible, comme après la métempsycose[1] les pensées d'une existence antérieure ; le sujet du livre se détachait de moi, j'étais libre de m'y appliquer ou non ; aussitôt je recouvrais la vue et j'étais bien étonné de trouver autour de moi une obscurité, douce et reposante pour mes yeux, à qui elle apparaissait comme une chose sans cause, incompréhensible, comme une chose vraiment obscure. Je me demandais quelle heure il pouvait être ; j'entendais le sifflement des trains qui, plus ou moins éloignés comme le chant d'un oiseau dans une forêt, relevant les distances, me décrivait l'étendue de la campagne déserte où le voyageur se hâte vers la destination prochaine ; et le petit chemin qu'il suit va être gravé dans son souvenir par l'excitation qu'il doit à des lieux nouveaux, à des actes inaccoutumés, à la causerie récente et aux adieux sous la lampe étrangère qui le suivent encore dans le silence de la nuit, à la douceur prochaine du retour.

Marcel Proust, *Du côté de chez Swann*, première partie : « Combray », 1913.

**1. métempsycose :** doctrine selon laquelle une âme peut habiter successivement plusieurs corps.

---

### Corpus

**Texte A :** Scène première du *Jeu de l'amour et du hasard* de Marivaux (pp. 27 à 31).

**Texte B :** Scène 1 de l'acte I des *Fourberies de Scapin* de Molière (pp. 42-43).

**Texte C :** Extrait de la scène 1 de l'acte I de *Britannicus* de Jean Racine (pp. 43 à 45).

**Texte D :** Extrait du chapitre premier de *Candide ou l'Optimisme* de Voltaire (pp. 45-46).

**Texte E :** Début de *Du côté de chez Swann* de Marcel Proust (pp. 46-47).

---

## Examen des textes

❶ Sur quel rythme Molière commence-t-il sa comédie (texte B) ?

❷ Que sait-on des personnages présents ? et des personnages absents ? (Textes A, B et C.)

❸ Déterminez les éléments parodiques* dans les textes B et D.

❹ Dans le texte E, montrez que l'écriture et le livre sont les principaux thèmes de ce premier paragraphe.

## Travaux d'écriture

### Question préliminaire
Comparez comment l'intrigue est exposée au spectateur dans les textes A et B.

### Commentaire
Vous ferez le commentaire de l'extrait de *Candide ou l'Optimisme* de Voltaire (texte D).

### Dissertation
Une œuvre d'art doit-elle surprendre ? Pour répondre, vous vous appuierez sur les textes du corpus et sur vos lectures personnelles.

### Écriture d'invention
Imaginez ce qu'écrit Silvia dans son journal intime après la scène avec Lisette (scène 1 de l'acte I).

* Cf. Lexique.

# Scène V

SILVIA, MONSIEUR ORGON, MARIO

SILVIA – Me voilà, Monsieur ; ai-je mauvaise grâce en femme de chambre ? Et vous, mon frère, vous savez de quoi il s'agit apparemment. Comment me trouvez-vous ?

MARIO – Ma foi, ma sœur, c'est autant de pris que le valet[1] ;
245      mais tu pourrais bien aussi escamoter Dorante à ta maîtresse.

SILVIA – Franchement, je ne haïrais pas de lui plaire sous le personnage que je joue ; je ne serais pas fâchée de subjuguer sa raison, de l'étourdir un peu sur[2] la distance qu'il y aura de lui à moi. Si mes charmes font ce coup-là, ils me feront plai-
250      sir ; je les estimerai. D'ailleurs, cela m'aiderait à démêler[3] Dorante. À l'égard de son valet, je ne crains pas ses soupirs, ils n'oseront m'aborder, il y aura quelque chose dans ma physionomie qui inspirera plus de respect que d'amour à ce faquin-là[4].

255 MARIO – Allons doucement, ma sœur ; ce faquin-là sera votre égal.

MONSIEUR ORGON – Et ne manquera pas de t'aimer.

SILVIA – Eh bien ! l'honneur de lui plaire ne me sera pas inutile ; les valets sont naturellement indiscrets, l'amour est babillard[5],
260      et j'en ferai l'historien de son maître[6].

UN VALET – Monsieur, il vient d'arriver un domestique qui demande à vous parler ; il est suivi d'un crocheteur[7] qui porte une valise.

*notes*

**1. c'est autant de pris que le valet :** tu es sûre de séduire le valet.
**2. l'étourdir un peu sur :** lui faire tourner la tête au point qu'il oublie.
**3. démêler :** découvrir.
**4. ce faquin-là :** ce coquin-là.

**5. babillard :** qui parle beaucoup, à la manière d'un enfant.
**6. l'historien de son maître :** celui qui racontera tout sur son maître.
**7. crocheteur :** homme qui s'aide de crochets pour porter des fardeaux.

MONSIEUR ORGON – Qu'il entre : c'est sans doute le valet de
265 Dorante ; son maître peut être resté au bureau[1] pour affaires.
Où est Lisette ?

SILVIA – Lisette s'habille, et, dans son miroir, nous trouve très
imprudents de lui livrer Dorante ; elle aura bientôt fait.

MONSIEUR ORGON – Doucement ! on vient.

## Scène VI
DORANTE, *en valet*, MONSIEUR
ORGON, SILVIA, MARIO

270 DORANTE – Je cherche Monsieur Orgon ; n'est-ce pas à lui à
qui j'ai l'honneur de faire la révérence ?

MONSIEUR ORGON – Oui, mon ami, c'est à lui-même.

DORANTE – Monsieur, vous avez sans doute reçu de nos nouvelles ; j'appartiens à Monsieur Dorante, qui me suit, et qui
275 m'envoie toujours devant[2] vous assurer de ses respects, en
attendant qu'il vous en assure lui-même.

MONSIEUR ORGON. - Tu fais ta commission de fort bonne
grâce. Lisette, que dis-tu de ce garçon-là ?

SILVIA. - Moi, Monsieur, je dis qu'il est bienvenu, et qu'il
280 promet.

DORANTE – Vous avez bien de la bonté ; je fais du mieux qu'il
m'est possible.

MARIO – Il n'est pas mal tourné au moins ; ton cœur n'a qu'à se
bien tenir, Lisette.

285 SILVIA – Mon cœur ! c'est bien des affaires[3].

notes ......................................................................................................

1. **bureau:** celui des douanes ou des messageries.
2. **toujours devant:** en attendant au-devant de lui.
3. **c'est bien des affaires:** voilà bien des histoires.

DORANTE – Ne vous fâchez pas, Mademoiselle, ce que dit Monsieur ne m'en fait point accroire[1].

SILVIA – Cette modestie-là me plaît ; continuez de même.

290 MARIO – Fort bien ! Mais il me semble que ce nom de Mademoiselle qu'il te donne est bien sérieux : entre gens comme vous, le style des compliments ne doit pas être si grave, vous seriez toujours sur le qui-vive ; allons, traitez-vous plus commodément. Tu as nom Lisette ; et toi mon garçon, comment t'appelles-tu ?

295 DORANTE – Bourguignon, Monsieur, pour vous servir.

MARIO – Eh bien ! Bourguignon, soit !

DORANTE – Va donc pour Lisette ; je n'en serai pas moins votre serviteur.

MARIO – Votre serviteur ! ce n'est point encore là votre jargon ;
300 c'est ton serviteur qu'il faut dire.

MONSIEUR ORGON – Ah ! ah ! ah ! ah !

SILVIA, *bas à Mario.* – Vous me jouez[2], mon frère.

DORANTE – À l'égard du tutoiement, j'attends les ordres de Lisette.

305 SILVIA – Fais comme tu voudras, Bourguignon ; voilà la glace rompue, puisque cela divertit ces Messieurs.

DORANTE – Je t'en remercie, Lisette, et je réponds sur-le-champ à l'honneur que tu me fais.

MONSIEUR ORGON – Courage, mes enfants ; si vous commen-
310 cez à vous aimer, vous voilà débarrassés des cérémonies.

MARIO – Oh ! doucement ; s'aimer, c'est une autre affaire ; vous ne savez peut-être pas que j'en veux au cœur de Lisette, moi

**notes**

1. **ne m'en fait point accroire :** ne m'incite pas à me faire des illusions.
2. **Vous me jouez :** vous vous moquez de moi.

qui vous parle. Il est vrai qu'il m'est cruel, mais je ne veux pas
que Bourguignon aille sur mes brisées[1].

315 SILVIA – Oui! le prenez-vous sur ce ton-là? et moi, je veux que
Bourguignon m'aime.

DORANTE – Tu te fais tort de dire *je veux*, belle Lisette; tu n'as
pas besoin d'ordonner pour être servie.

MARIO – Mons[2] Bourguignon, vous avez pillé cette galanterie-
320 là quelque part.

DORANTE – Vous avez raison, Monsieur; c'est dans ses yeux que
je l'ai prise.

MARIO – Tais-toi, c'est encore pis; je te défends d'avoir tant
d'esprit.

325 SILVIA – Il ne l'a pas à vos dépens, et s'il en trouve dans mes
yeux, il n'a qu'à prendre.

MONSIEUR ORGON – Mon fils, vous perdrez votre procès;
retirons-nous. Dorante va venir, allons le dire à ma fille; et
vous, Lisette, montrez à ce garçon l'appartement de son
330 maître. Adieu, Bourguignon.

DORANTE – Monsieur, vous me faites trop d'honneur.

# Scène VII     SILVIA, DORANTE

SILVIA, *à part*. – Ils se donnent la comédie; n'importe, mettons
tout à profit; ce garçon-ci n'est pas sot, et je ne plains pas la
soubrette qui l'aura. Il va m'en conter, laissons-le dire, pourvu
335 qu'il m'instruise.

---

**notes**

**1. aille sur mes brisées:** devienne mon rival; «aller sur les brisées de quelqu'un»,
expression empruntée à la chasse, signifie qu'on suit la piste qu'un autre chasseur a déjà
tracée en brisant des branches.
**2. Mons:** terme familier et condescendant pour «monsieur».

DORANTE, *à part.* – Cette fille-ci m'étonne, il n'y a point de femme au monde à qui sa physionomie ne fît honneur: lions connaissance avec elle. *(Haut.)* Puisque nous sommes dans le style amical et que nous avons abjuré les façons[1], dis-moi,
340 Lisette: ta maîtresse te vaut-elle? Elle est bien hardie d'oser avoir une femme de chambre comme toi.

SILVIA – Bourguignon, cette question-là m'annonce que, suivant la coutume, tu arrives avec l'intention de me dire des douceurs: n'est-il pas vrai?

345 DORANTE – Ma foi, je n'étais pas venu dans ce dessein-là, je te l'avoue. Tout valet que je suis, je n'ai jamais eu de grandes liaisons avec les soubrettes, je n'aime pas l'esprit domestique; mais à ton égard c'est une autre affaire. Comment donc, tu me soumets; je suis presque timide; ma familiarité n'oserait
350 s'apprivoiser avec toi; j'ai toujours envie d'ôter mon chapeau de dessus ma tête, et quand je te tutoie, il me semble que je jure! enfin, j'ai un penchant à te traiter avec des respects qui te feraient rire. Quelle espèce de suivante es-tu donc avec ton air de princesse?

355 SILVIA – Tiens, tout ce que tu dis avoir senti en me voyant est précisément l'histoire de tous les valets qui m'ont vue.

DORANTE – Ma foi, je ne serais pas surpris quand ce serait aussi l'histoire de tous les maîtres.

SILVIA – Le trait[2] est joli, assurément; mais je te le répète encore,
360 je ne suis point faite[3] aux cajoleries de ceux dont la garde-robe[4] ressemble à la tienne.

DORANTE – C'est-à-dire que ma parure[5] ne te plaît pas?

notes

1. **abjuré les façons:** renoncé à faire des manières.
2. **trait:** mot d'esprit.
3. **faite:** habituée.
4. **garde-robe:** vêtements; ici, livrée de valet.
5. **parure:** façon ironique de désigner la livrée.

passage analysé

SILVIA – Non, Bourguignon ; laissons là l'amour, et soyons bons amis.

365 DORANTE – Rien que cela ? Ton petit traité n'est composé que de clauses impossibles.

SILVIA, *à part.* – Quel homme pour un valet ! *(Haut.)* Il faut pourtant qu'il s'exécute ; on m'a prédit que je n'épouserais jamais qu'un homme de condition[1], et j'ai juré depuis de n'en écouter jamais d'autres.

370

DORANTE – Parbleu ! cela est plaisant ; ce que tu as juré pour homme, je l'ai juré pour femme, moi ; j'ai fait serment de n'aimer sérieusement qu'une fille de condition.

SILVIA – Ne t'écarte donc pas de ton projet.

375 DORANTE – Je ne m'écarte peut-être pas tant que nous le croyons ; tu as l'air bien distingué, et l'on est quelquefois fille de condition sans le savoir.

SILVIA – Ah ! ah ! ah ! je te remercierais de ton éloge, si ma mère n'en faisait pas les frais.

380 DORANTE – Eh bien ! venge-t'en sur la mienne si tu me trouves assez bonne mine pour cela.

SILVIA, *à part.* – Il le mériterait. *(Haut.)* Mais ce n'est pas là de quoi il est question ; trêve de badinage, c'est un homme de condition qui m'est prédit pour époux, et je n'en rabattrai rien[2].

385

DORANTE – Parbleu ! si j'étais tel, la prédiction me menacerait, j'aurais peur de la vérifier[3]. Je n'ai point de foi[4] à l'astrologie, mais j'en ai beaucoup à ton visage.

SILVIA, *à part.* – Il ne tarit point… *(Haut.)* Finiras-tu ? que t'importe la prédiction, puisqu'elle t'exclut ?

390

*notes* .........................................................................................

1. **homme de condition :** aristocrate.
2. **je n'en rabattrai rien :** je ne transigerai pas là-dessus.

3. **la vérifier :** prouver qu'elle est vraie.
4. **Je n'ai point de foi :** je ne crois pas.

*passage analysé*

DORANTE – Elle ne t'a pas prédit que je ne t'aimerais point.

SILVIA – Non, mais elle a dit que tu n'y gagnerais rien, et moi je te le confirme.

395 DORANTE – Tu fais fort bien, Lisette, cette fierté-là te va à merveille, et quoiqu'elle me fasse mon procès, je suis pourtant bien aise de te la voir ; je te l'ai souhaitée d'abord que**1** je t'ai vue, il te fallait encore cette grâce-là et je me console d'y perdre, parce que tu y gagnes.

400 SILVIA, *à part.* – Mais en vérité, voilà un garçon qui me surprend malgré que j'en aie**2**… (*Haut.*) Dis-moi, qui es-tu, toi qui me parles ainsi ?

DORANTE – Le fils d'honnêtes gens qui n'étaient pas riches.

SILVIA – Va, je te souhaite de bon cœur une meilleure situation que la tienne, et je voudrais pouvoir y contribuer ; la fortune**3**
405 a tort avec toi.

DORANTE – Ma foi, l'amour a plus de tort qu'elle, j'aimerais mieux qu'il me fût permis de te demander ton cœur, que d'avoir tous les biens du monde.

SILVIA, *à part.* – Nous voilà, grâce au ciel, en conversation
410 réglée**4**. (*Haut.*) Bourguignon, je ne saurais me fâcher des discours que tu me tiens ; mais je t'en prie, changeons d'entretien. Venons à ton maître. Tu peux te passer de me parler d'amour, je pense ?

DORANTE – Tu pourrais bien te passer de m'en faire sentir, toi.

415 SILVIA – Ahi, je me fâcherai, tu m'impatientes. Encore une fois laisse là ton amour.

DORANTE – Quitte donc ta figure.

notes

**1. d'abord que** : dès que.
**2. malgré que j'en aie** : malgré moi.
**3. la fortune** : le sort, le destin.

**4. en conversation réglée** : dans une conversation qui respecte les conventions du genre (le valet lui fait la cour suivant les règles).

SILVIA, *à part.* – À la fin, je crois qu'il m'amuse[1]… *(Haut.)* Eh bien, Bourguignon, tu ne veux donc pas finir ? Faudra-t-il que
420 je te quitte ? *(À part.)* Je devrais déjà l'avoir fait.

DORANTE – Attends, Lisette, je voulais moi-même te parler d'autre chose ; mais je ne sais plus ce que c'est.

SILVIA – J'avais de mon côté quelque chose à te dire mais tu m'as fait perdre mes idées aussi, à moi.

425 DORANTE – Je me rappelle de t'avoir demandé si ta maîtresse te valait.

SILVIA – Tu reviens à ton chemin par un détour, adieu.

DORANTE – Eh ! non, te dis-je, Lisette, il ne s'agit ici que de mon maître.

430 SILVIA – Eh bien ! soit, je voulais te parler de lui aussi et j'espère que tu voudras bien me dire confidemment[2] ce qu'il est. Ton attachement pour lui m'en donne bonne opinion ; il faut qu'il ait du mérite puisque tu le sers.

DORANTE – Tu me permettrais peut-être bien de te remercier
435 de ce que tu me dis là, par exemple ?

SILVIA – Veux-tu bien ne prendre pas garde à l'imprudence que j'ai eue de le dire ?

DORANTE – Voilà encore de ces réponses qui m'emportent[3]. Fais comme tu voudras, je n'y résiste point, et je suis bien mal-
440 heureux de me trouver arrêté[4] par tout ce qu'il y a de plus aimable au monde.

SILVIA – Et moi, je voudrais bien savoir comment il se fait que j'ai la bonté de t'écouter, car assurément, cela est singulier[5].

*passage analysé*

---

## notes

1. **qu'il m'amuse:** qu'il me fait perdre mon temps ou qu'il me divertit ; ici, l'expression peut être prise dans les deux sens.
2. **confidemment:** en confidence.

3. **m'emportent:** m'émeuvent beaucoup.
4. **arrêté:** retenu.
5. **singulier:** surprenant, extraordinaire.

DORANTE – Tu as raison, notre aventure est unique.

445 SILVIA, *à part.* – Malgré tout ce qu'il m'a dit, je ne suis point partie, je ne pars point, me voilà encore, et je réponds ! En vérité, cela passe[1] la raillerie. *(Haut.)* Adieu.

DORANTE – Achevons donc ce que nous voulions dire.

450 SILVIA – Adieu, te dis-je, plus de quartier[2]. Quand ton maître sera venu, je tâcherai en faveur de ma maîtresse de le connaître par moi-même, s'il en vaut la peine. En attendant, tu vois cet appartement : c'est le vôtre.

DORANTE – Tiens, voici mon maître.

**suite, p. 70**

*passage analysé*

**Dorante (Hammou Graïa) et Silvia (Anne Coutureau) face à leur subterfuge respectif. Mise en scène de Philippe Ferran, Théâtre de l'Atelier, Paris, 1997.**

notes

1. **passe :** dépasse.
2. **plus de quartier :** plus question de te faire grâce ; le quartier est, dans le vocabulaire militaire, un lieu de retraite et de sûreté.

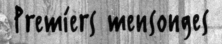

# Premiers mensonges

**Lecture analytique de la scène 7 de l'acte I, pp. 52 à 57.**

La rencontre des deux fiancés devrait avoir lieu dans un cadre officiel, en présence de pères attentifs ou de gouvernantes soupçonneuses. Le déguisement en valets permet à Marivaux de présenter Silvia et Dorante seuls sur scène. Leur dialogue commence par des silences, des apartés\*, qui traduisent une gêne importante : les personnages ressentent un trac analogue à celui de comédiens peu sûrs de leur texte.

Dans l'obligation de jouer pour l'autre et de maintenir leur mensonge, Silvia et Dorante ne remarquent pas ce qui saute aux yeux du spectateur averti, à savoir que ni l'un ni l'autre ne parlent ni n'agissent comme des valets, malgré l'obligation de se tutoyer. Leur conversation, sur la défensive, s'apparente à un badinage\* de salon. Les personnages sentent en eux pointer une certaine inquiétude, comme si la situation leur échappait. Même déguisés, les personnages de Marivaux ne contrefont pas leurs sentiments. Ils mentent, mais sur l'apparence. Ils sont parfois si sincères qu'ils en viennent à s'étonner de leurs propres paroles.

## Le travestissement

Le déguisement provoque, à son début, une excitation enfantine. On retrouve cette excitation chez Silvia, quand elle se montre à son frère et son père dans un costume de servante. Elle est alors comme en « coulisses », elle attend son entrée en scène. Ce qu'elle ignore – et que connaît bien le comédien professionnel –, c'est que le costume ne protège en rien le comédien. Au contraire, il attire les regards et oblige le comédien à créer une gestuelle, à trouver des intonations cohérentes avec son personnage. En dehors du théâtre, il existe une manifestation où le déguisement prend une ampleur extrême : le carnaval. Le temps d'une journée, il est possible d'usurper l'apparence des grands de ce monde, et ainsi de se moquer de leurs travers. Le

\* *Cf.* Lexique.

théâtre retrouve cette impunité ; à la fin de la représentation, rois et reines s'effacent, les acteurs redeviennent de pauvres gens à l'avenir incertain. Les masques tombent.

*Le Jeu de l'amour et du hasard*, qui se déroule en une seule journée assez improbable, retrouve les temps d'un jour de carnaval : le déguisement, la frénésie, la fatigue, l'apaisement.

................ **Le costume, matière à plaisanteries** ................

❶ Relevez, dans la scène 7, les allusions aux costumes des personnages. Pourquoi cette insistance devient-elle comique ?

❷ Pourquoi Dorante et Silvia insistent-ils sur le thème de la condition de domestique ?

................ **Usurper un personnage** ................

❸ Comment Dorante et Silvia se présentent-ils l'un à l'autre ?

❹ Comment imaginez-vous les costumes de Dorante et Silvia ?

## Mensonge et vérité

Dès sa première scène en pseudo-Lisette, Silvia s'interroge sur le mensonge et la vérité. Elle croyait pouvoir mentir, pouvoir observer sans être mise en danger : elle se rend compte que l'inverse se produit. Elle va devoir être encore plus sincère et n'aura jamais de repos. C'est que le travestissement, en contraignant le personnage à une représentation permanente, le plonge dans l'isolement : le voilà seul avec lui-même, derrière son masque. D'où les nombreuses questions que se posent Silvia à elle-même, Dorante à lui-même. Cette situation inhabituelle déséquilibre celui et celle qui se croyaient forts. Les voilà prêts pour éprouver des sentiments nouveaux.

................ **Le mensonge forcé** ................

❺ À quoi voit-on que le tutoiement est inhabituel chez Dorante et Silvia ?

**❻** Dans leur jeu, Silvia et Dorante ne peuvent s'empêcher de placer des éléments de vérité. Lesquels ?

# Langage des maîtres, langage des valets

L'appartenance à une classe sociale se lit dans l'apparence (le costume) mais plus encore dans le langage, dont on change moins aisément que de costume. Dans la société du XVIIIe siècle, l'homme « de condition », c'est-à-dire noble, se reconnaît autant à ses tournures de phrases qu'à la façon de les prononcer ; distinction qui demeure aujourd'hui, si l'on songe aux accents comparés des grands bourgeois et des ouvriers.

L'art de la conversation a toujours fait partie de l'éducation des élites, au point que cet art est devenu un signe extérieur d'appartenance au corps dirigeant. Les valets, eux, utilisent leur langue comme un outil et non pour paraître. Leur parler va à l'essentiel et ne s'embarrasse pas de fioritures. Ainsi Arlequin peut-il parler crûment de son « *beau-père* », là où le véritable Dorante aurait trouvé une circonlocution élégante.

............................. **Le langage emprunté** .............................

**❼** À quoi voit-on que Dorante et Silvia font des efforts pour jouer des rôles de domestiques ? Relevez des expressions forcées dans leur dialogue.
**❽** Étudiez les expressions galantes de Dorante et Silvia. À quoi reconnaît-on très vite leur condition sociale ? Imaginez les tournures qu'emploieraient, dans cette situation, Arlequin et Lisette.

............. **Le langage comme déguisement des sentiments** .............

**❾** Comment Dorante utilise-t-il son déguisement pour faire la cour à la fausse Lisette ? Est-il sincère dans ses déclarations ?
**❿** Leur langage protège-t-il les personnages ou au contraire les expose-t-il davantage ?

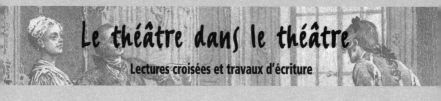

# Le théâtre dans le théâtre

**Lectures croisées et travaux d'écriture**

Le théâtre baroque raffole de ces situations où le théâtre parle de lui-même. Un vertige naît dans ces moments où l'on rappelle au spectateur qu'il ne voit que du mensonge, que le personnage n'est qu'un acteur, la scène un décor, le costume un déguisement. Ce procédé de mise en abyme\* crée un déséquilibre, facteur d'incertitude. Certaines mises en scène contemporaines s'inspirent du procédé avec un décor qui se commente lui-même : comme dans ces poupées russes qui contiennent chacune une réduction d'elle-même, le décor présente un théâtre dans lequel sont placés la scène et le spectateur lui-même, voire la ville qui les entoure. Cet emboîtage rappelle le procédé des *Mille et Une Nuits*, quand Shéhérazade en vient à conter l'histoire d'une princesse qui raconte des histoires, dont celle de Shéhérazade. Plus subtilement, le spectateur éprouve une sensation de glissement lorsque le langage des personnages sur scène reprend les mots constitutifs de l'illusion théâtrale : « déguisement », « scène », « rôle ».

**Texte A : Scène 7 de l'acte I du *Jeu de l'amour et du hasard*
de Marivaux (pp. 52 à 57)**

**Texte B : Pierre Corneille, *L'Illusion comique***
*Les premières pièces de Corneille sont nourries des inventions du théâtre espagnol du siècle précédent. Parmi les comédies à fertiles rebondissements, L'Illusion comique[1] occupe une place à part. La trame en est originale : un père vient consulter un magicien pour connaître le sort de Clindor, son fils disparu ; le magicien convoque des « spectres » qui rejouent des épisodes de la vie du fils, jusqu'à son assassinat ; mais, en une ultime pirouette, le magicien dévoile le vrai destin du jeune homme : il s'est fait comédien !*

\* *Cf*. Lexique.

PRIDAMANT

[...]

Adieu, je vais mourir, puisque mon fils est mort.

ALCANDRE

D'un juste désespoir l'effort est légitime,
Et de le détourner je croirais faire un crime,
Oui, suivez ce cher fils sans attendre à demain,
Mais épargnez du moins ce coup à votre main,
Laissez faire aux douleurs qui rongent vos entrailles,
Et pour les redoubler voyez ses funérailles.

*On tire un rideau et on voit tous les comédiens qui partagent leur argent.*

PRIDAMANT

Que vois-je ! chez les morts compte-t-on de l'argent ?

ALCANDRE

Voyez si pas un d'eux s'y montre négligent.

PRIDAMANT

Je vois Clindor, Rosine. Ah Dieu ! quelle surprise !
Je vois leur assassin, je vois sa femme et Lise,
Quel charme en un moment étouffe leurs discords[2],
Pour assembler ainsi les vivants et les morts ?

ALCANDRE

Ainsi tous les acteurs d'une troupe comique
Leur poème récité partagent leur pratique[3],
L'un tue et l'autre meurt, l'autre vous fait pitié,
Mais la scène préside à leur inimitié[4],
Leurs vers font leurs combats, leur mort suit leurs paroles,
Et sans prendre intérêt en pas un de leurs rôles,
Le traître et le trahi, le mort et le vivant
Se trouvent à la fin amis comme devant.
Votre fils et son train ont bien su par leur fuite,
D'un père et d'un prévôt[5] éviter la poursuite,
Mais tombant dans les mains de la nécessité
Ils ont pris le théâtre en cette extrémité.

PRIDAMANT

Mon fils comédien !

ALCANDRE

D'un art si difficile

Tous les quatre au besoin en ont fait leur asile,
Et depuis sa prison ce que vous avez vu,
Son adultère amour, son trépas imprévu,
N'est que la triste fin d'une pièce tragique
Qu'il expose aujourd'hui sur la scène publique,
Par où ses compagnons et lui dans leur métier
Ravissent dans Paris un peuple tout entier.
Le gain leur en demeure et ce grand équipage[6]
Dont je vous ai fait voir le superbe étalage
Est bien à votre fils mais non pour s'en parer,
Qu'alors que sur la scène il se fait admirer.

PRIDAMANT

J'ai pris sa mort pour vraie, et ce n'était que feinte
Mais je trouve partout mêmes sujets de plainte,
Est-ce là cette gloire et ce haut rang d'honneur
Où le devait monter l'excès de son bonheur ?

ALCANDRE

Cessez de vous en plaindre, à présent le théâtre
Est en un point si haut qu'un chacun l'idolâtre,
Et ce que votre temps voyait avec mépris
Est aujourd'hui l'amour de tous les bons esprits,
L'entretien de Paris, le souhait des provinces,
Le divertissement le plus doux de nos princes,
Les délices du peuple, et le plaisir des grands ;
Parmi leurs passe-temps il tient les premiers rangs,
Et ceux dont nous voyons la sagesse profonde
Par ses illustres soins conserver tout le monde
Trouvent dans les douceurs d'un spectacle si beau
De quoi se délasser d'un si pesant fardeau.

Pierre Corneille, *L'Illusion comique*, scène 6 de l'acte V, 1636.

**1. Illusion comique** : a ici le sens d'«illusion théâtrale», relative à la «comédie».
**2. discords** : désaccords. **3. pratique** : recette de la représentation. **4. la scène préside à
leur inimitié** : leur inimitié est feinte et n'existe que sur la scène. **5. prévôt** : officier de
gendarmerie. **6. équipage** : costume.

## Texte C : Calderón, *La vie est un songe*
*Dans cette pièce de l'Espagnol Calderón (1600-1681), le roi de Pologne hésite
à transmettre son royaume au prince Sigismond, dont les mauvais penchants
l'inquiètent tant qu'il l'a fait emprisonner. Le roi décide d'éprouver le prince :*

**Sigismond est libéré et intronisé ; le jour même, il commet des crimes.
Il s'endort et se réveille... dans sa prison. Il croit avoir rêvé.**

SIGISMOND

[...] nous habitons un monde si étrange
Que la vie n'est rien d'autre que songe ;
Et l'expérience m'apprend
Que l'homme qui vit, songe
Ce qu'il est, jusqu'à son réveil.
Le Roi songe qu'il est un roi, et vivant
Dans cette illusion il commande,
Il décrète, il gouverne ;
Et cette majesté, seulement empruntée,
S'inscrit dans le vent,
Et la mort en cendres
La charge, oh ! cruelle infortune !
Qui peut encore vouloir régner,
Quand il voit qu'il doit s'éveiller
Dans le songe de la mort ?
Le riche songe à sa richesse,
Qui ne lui offre que soucis ;
Le pauvre songe qu'il pâtit
De sa misère et de sa pauvreté ;
Il songe, celui qui triomphe ;
Il songe, celui qui s'affaire et prétend ;
Il songe, celui qui outrage et offense ;
Et dans ce monde, en conclusion,
Tous songent ceux qu'ils sont,
Mais nul ne s'en rend compte.
Moi je songe que je suis ici,
Chargé de ces fers,
Et j'ai songé m'être trouvé
En un autre état plus flatteur.
Qu'est-ce que la vie ? Un délire.
Qu'est donc la vie ? Une illusion,
Une ombre, une fiction ;
Le plus grand bien est peu de chose,
Car toute la vie n'est qu'un songe,
Et les songes rien que des songes.

Calderón, *La vie est un songe*, 1636,
fin de la deuxième journée,
trad. de Bernard Sesé,
Garnier-Flammarion, 1992.

## Texte D : William Shakespeare, *La Mégère apprivoisée*

*William Shakespeare (1564-1616) fut comédien et directeur de théâtre. Les allusions au théâtre et au métier d'acteur sont fréquentes dans son œuvre : ainsi Hamlet, dans la tragédie éponyme\*, donne-t-il des conseils aux comédiens à qui il demande la représentation d'une tragédie.*

*Dans le prologue de* La Mégère *apprivoisée, un lord joue un tour à un ivrogne endormi : il ordonne que l'ivrogne soit revêtu d'habits somptueux et prenne sa place. Quand l'ivrogne se réveille, on le convainc qu'il a toujours été lord. Pour le divertir, des comédiens présentent une comédie nouvelle :* La Mégère apprivoisée.

LE LORD – Qu'est cela ? Est-il ivre ou mort ? Voyez donc, respire-t-il ?

UN PIQUEUR[1] – Il respire, Milord. Et s'il n'était échauffé par la bière, ce lit serait bien froid pour y dormir si fort.

LE LORD – Oh, la monstrueuse bête ! Voyez-le, vautré tout comme un pourceau ! Sombre mort, que ton image est vile et repoussante ! Messieurs, je veux jouer un tour à cet ivrogne… Que pensez-vous de ceci : s'il était transporté dans un lit, mollement couché dans des draps fins, des bagues aux doigts, un succulent repas posé à son chevet, et s'il se réveillait entouré de laquais en riche livrée, ne croyez-vous pas que ce mendiant aurait oublié qui il est ?

UN PIQUEUR – Il me semble, Milord, qu'il n'y pourrait manquer.

UN PIQUEUR – Tout lui semblerait étrange à son réveil !

LE LORD – Comme en un songe flatteur ou quelque vaine rêverie… Allons, soulevez-le et préparez bien la farce : transportez-le doucement dans ma plus belle chambre, où vous suspendrez aux murs mes peintures les plus galantes. Oignez[2] sa tête crasseuse de tièdes eaux de senteur, et brûlez des bois odoriférants pour parfumer le logis : installez-moi des musiciens prêts à faire entendre, lorsqu'il s'éveillera, de doux et célestes accords ; et s'il se met à parler, hâtez-vous d'accourir et dites-lui, en faisant une humble et profonde révérence : « Quels sont les ordres de Votre Honneur ? » Que l'un de vous lui présente un bassin d'argent plein d'eau de rose où flotteront des fleurs ; qu'un autre lui passe l'aiguière[3], le troisième une serviette, en disant : « Plaît-il à Votre Seigneurie de se rafraîchir les mains ? » Que quelqu'un, portant un sompteux costume, lui demande comment il désire s'habiller ; qu'un autre lui parle de sa meute, de ses chevaux, et de son épouse qu'afflige si fort sa maladie. Persuadez-le qu'il vient d'être dément. Et quand il vous dira qui il est,

\* *Cf. Lexique.*

répondez-lui qu'il rêve, qu'il n'est autre qu'un puissant lord… Faites tout cela, et faites-le, mes bons amis, comme il convient. Si elle est menée discrètement, cette farce sera des plus divertissantes.

Un Piqueur – Milord, je vous le promets, nous jouerons si bien notre rôle qu'à voir notre sincère empressement, il croira n'être rien de moins que ce que nous lui dirons.

Le Lord – Soulevez-le doucement, mettez-le au lit, et lorsqu'il s'éveillera, que chacun soit à son poste. […]

Sly, *se réveillant.* – Pour l'amour de Dieu, un pot de petite bière !

Premier Valet – Votre Honneur désire-t-il boire une coupe de vin des Canaries ?

Deuxième Valet – Votre Seigneurie désire-t-elle goûter de ces fruits confits ?

Troisième Valet – Quel costume Votre Honneur veut-il mettre aujourd'hui ?

Sly – Je suis Christophe Sly. Ne me baillez[4] point d'honneur ou de seigneurie. Je n'ai bu de ma vie de vin des Canaries, et si vous me donnez du confit, que ce soit de bon confit de bœuf. Ne me demandez pas quels habits je veux mettre, car je n'ai pas plus de pourpoints[5] que je n'ai de dos, j'ai autant de chausses[6] que de jambes et autant de souliers que de pieds, ou des souliers dans un tel état que mes orteils lorgnent par les trous de l'empeigne[7].

Le Lord – Le Ciel délivre Votre Honneur de cette humeur extravagante ! Las ! qu'un homme puissant, de si haute lignée, possédant tant de biens et si noble renommée, soit lui-même possédé d'un si abject incube[8] !

Sly – Hé là, voulez-vous me rendre fou ? […]

Sly – Suis-je un lord ? Ai-je vraiment une telle dame ? Est-ce que je rêve ? Ou ai-je rêvé jusqu'à présent ? Je ne dors pas : je vois, j'entends, je parle ; je hume de suaves parfums, je palpe des choses moelleuses. Sur ma vie, je ne suis pas rétameur, je ne suis pas Christophe Sly, je suis en vérité un grand seigneur. Fort bien : qu'on amène céans notre dame, que je la voie !… et, une fois de plus, un pot de très petite bière !

William Shakespeare, La Mégère apprivoisée, 1594, prologue,<br>trad. de Marcelle Sibon, Garnier-Flammarion, 1993.

**1. piqueur :** valet à cheval qui suit la meute des chiens. **2. Oignez :** du verbe *oindre*, « frotter d'une matière huileuse ». **3. aiguière :** vase à eau, muni d'anse et de bec. **4. baillez :** parlez. **5. pourpoints :** vêtements qui couvraient le haut du corps. **6. chausses :** vêtements qui couvraient le bas du corps. **7. empeigne :** dessus de la chaussure. **8. incube :** démon masculin.

## Texte E : Marivaux, *La Dispute*

*Le théâtre est présent dans de nombreuses pièces de Marivaux, générale-*
*ment par des commentaires de spectateurs, comme au début de* L'Île de la
raison. *Mais c'est dans* La Dispute *que le procédé est le plus étonnant : des*
*jeunes gens sont observés par des personnes cachées. C'est ce qu'explique*
*le Prince dans une scène d'introduction.*

Le Prince – Pour bien savoir si la première inconstance ou la première infi-
délité est venue d'un homme, comme vous le prétendez, et moi aussi,
il faudrait avoir assisté au commencement du monde et de la société.

Hermiane – Sans doute, mais nous n'y étions pas.

Le Prince – Nous allons y être ; oui, les hommes et les femmes de ce temps-
là, le monde et ses premières amours vont reparaître à nos yeux tels
qu'ils étaient, ou du moins tels qu'ils ont dû être ; ce ne seront peut-être
pas les mêmes aventures, mais ce seront les mêmes caractères ; vous allez
voir le même état de cœur, des âmes tout aussi neuves que les premières,
encore plus neuves s'il est possible.

[...]

Hermiane – Vous excitez ma curiosité, je l'avoue.

Le Prince – Voici le fait : il y a dix-huit ou dix-neuf ans que la dispute[1] d'aujourd'hui s'éleva à la cour de mon père, s'échauffa beaucoup et dura
très longtemps. Mon père, naturellement assez philosophe, et qui n'était
pas de votre sentiment, résolut de savoir à quoi s'en tenir, par une épreuve
qui ne laissât rien à désirer. Quatre enfants au berceau, deux de votre
sexe et deux du nôtre, furent portés dans la forêt où il avait fait bâtir
cette maison exprès pour eux, où chacun d'eux fut logé à part, et où
actuellement même il occupe un terrain dont il n'est jamais sorti, de
sorte qu'ils ne se sont jamais vus. Ils ne connaissent encore que Mesrou
et sa sœur qui les ont élevés, et qui ont toujours eu soin d'eux, et qui
furent choisis de la couleur dont ils sont, afin que leurs élèves en fussent
plus étonnés quand ils verraient d'autres hommes. On va donc pour la
première fois leur laisser la liberté de sortir de leur enceinte, et de se
connaître ; on leur a appris la langue que nous parlons ; on peut regarder le commerce[2] qu'ils vont avoir ensemble comme le premier âge du
monde ; les premières amours vont recommencer, nous verrons ce qui
en arrivera. *(Ici, on entend un bruit de trompettes.)* Mais hâtons-nous
de nous retirer, j'entends le signal qui nous en avertit, nos jeunes gens
vont paraître ; voici une galerie qui règne tout le long de l'édifice, et

d'où nous pourrons les voir et les écouter, de quelque côté qu'ils sortent de chez eux. Partons.

*Ils s'écartent.*

Carise – Venez, Églé, suivez-moi ; voici de nouvelles terres que vous n'avez jamais vues, et que vous pourrez parcourir en sûreté.

Églé – Que vois-je ? quelle quantité de nouveaux mondes !

Carise – C'est toujours le même, mais vous n'en connaissez pas toute l'étendue.

Églé – Que de pays ! que d'habitations ! il me semble que je ne suis plus rien dans un aussi grand espace ; cela me fait plaisir et peur. *(Elle regarde et s'arrête à un ruisseau.)* Qu'est-ce que c'est que cette eau que je vois et qui roule à terre ? Je n'ai rien vu de semblable à cela dans le monde d'où je sors.

Carise – Vous avez raison, et c'est ce qu'on appelle un ruisseau.

Églé, *regardant.* – Ah ! Carise, approchez, venez voir ; il y a quelque chose qui habite dans le ruisseau qui est fait comme une personne, et elle paraît aussi étonnée de moi que je le suis d'elle.

Carise, *riant.* – Eh ! non, c'est vous que vous y voyez ; tous les ruisseaux font cet effet-là.

Églé – Quoi ! c'est là moi, c'est mon visage ?

Carise – Sans doute.

Églé – Mais savez-vous bien que cela est très beau, que cela fait un objet charmant ? Quel dommage de ne pas l'avoir su plus tôt !

Carise – Il est vrai que vous êtes belle.

Églé – Comment « belle » ? admirable ! cette découverte-là m'enchante. *(Elle se regarde encore.)* Le ruisseau fait toutes mes mines, et toutes me plaisent. Vous devez avoir eu bien du plaisir à me regarder, Mesrou et vous. Je passerais ma vie à me contempler ; que je vais m'aimer à présent !

Marivaux, *La Dispute*, scènes 2 et 3, 1744.

1. **dispute** : discussion, débat. 2. **commerce** : entretien, conversation.

---

**Corpus**

**Texte A :** Scène 7 de l'acte I du *Jeu de l'amour et du hasard* de Marivaux (pp. 52 à 57).

**Texte B :** Extrait de la scène 6 de l'acte V de *L'Illusion comique* de Pierre Corneille (pp. 62-63).

**Texte C :** Fin de la deuxième journée de *La vie est un songe* de Calderón (p. 64).

**Texte D :** Extrait du prologue de *La Mégère apprivoisée* de William Shakespeare (pp. 65-66).

**Texte E :** Extraits des scènes 2 et 3 de *La Dispute* de Marivaux (pp. 67-68).

---

## Examen des textes

❶ Quels sont, dans le texte B, les arguments que présente Alcandre en faveur du théâtre ?

❷ Comment Sigismond et Sly peuvent-ils être trompés (textes C et D) ?

❸ Quels sont les éléments comiques des textes D et E ?

❹ Analysez la cruauté du procédé du Prince (texte E).

## Travaux d'écriture

**Question préliminaire**
Dans les textes du corpus, relevez les éléments qui créent l'illusion : langage, personnages, situation, accessoires…

**Commentaire**
Vous ferez le commentaire de l'extrait de *L'Illusion comique* de Pierre Corneille (texte B).

**Dissertation**
L'auteur de théâtre a-t-il le droit de manipuler ses personnages ? Pour répondre, vous vous appuierez sur les textes du corpus et vos lectures personnelles.

**Écriture d'invention**
Imaginez une scène où réalité et illusion sont étroitement mêlées.

# Scène VIII  DORANTE, SILVIA, ARLEQUIN

455 ARLEQUIN – Ah ! te voilà, Bourguignon ! Mon porte-manteau[1] et toi, avez-vous été bien reçus ici ?

DORANTE – Il n'était pas possible qu'on nous reçût mal, Monsieur.

ARLEQUIN – Un domestique là-bas m'a dit d'entrer ici, et qu'on allait avertir mon beau-père qui était avec ma femme.

460 SILVIA – Vous voulez dire, Monsieur Orgon et sa fille, sans doute, Monsieur ?

ARLEQUIN – Eh oui, mon beau-père et ma femme, autant vaut[2]. Je viens pour épouser, et ils m'attendent pour être mariés ; cela est convenu ; il ne manque plus que la cérémonie, qui est une 465 bagatelle.

SILVIA – C'est une bagatelle qui vaut bien la peine qu'on y pense.

ARLEQUIN – Oui, mais quand on y a pensé on n'y pense plus.

SILVIA, *bas à Dorante*. – Bourguignon, on est homme de mérite à 470 bon marché chez vous, ce me semble ?

ARLEQUIN – Que dites-vous là à mon valet, la belle ?

SILVIA – Rien, je lui dis seulement que je vais faire descendre M. Orgon.

ARLEQUIN – Et pourquoi ne pas dire mon beau-père, comme 475 moi ?

SILVIA – C'est qu'il ne l'est pas encore.

DORANTE – Elle a raison, Monsieur, le mariage n'est pas fait.

ARLEQUIN – Eh bien, me voilà pour le faire.

notes
................................................................................................................

1. **Mon porte-manteau** : ma valise, mon bagage.
2. **autant vaut** : c'est la même chose.

DORANTE – Attendez donc qu'il soit fait.

480 ARLEQUIN – Pardi ! voilà bien des façons pour un beau-père de la veille ou du lendemain.

SILVIA – En effet, quelle si grande différence y a-t-il entre être marié ou ne l'être pas ? Oui, Monsieur, nous avons tort, et je cours informer votre beau-père de votre arrivée.

485 ARLEQUIN – Et ma femme aussi, je vous prie. Mais avant que de partir, dites-moi une chose, vous qui êtes si jolie, n'êtes-vous pas la soubrette de l'hôtel[1] ?

SILVIA – Vous l'avez dit.

ARLEQUIN – C'est fort bien fait, je m'en réjouis. Croyez-vous
490 que je plaise ici ? Comment me trouvez-vous ?

SILVIA – Je vous trouve… plaisant[2].

ARLEQUIN – Bon, tant mieux ! entretenez-vous[3] dans ce sentiment-là, il pourra trouver sa place.

SILVIA – Vous êtes bien modeste de vous en contenter. Mais je
495 vous quitte ; il faut qu'on ait oublié d'avertir votre beau-père, car assurément il serait venu, et j'y vais.

ARLEQUIN – Dites-lui que je l'attends avec affection.

SILVIA, *à part.* – Que le sort est bizarre ! aucun de ces deux hommes n'est à sa place.

## Scène IX                    DORANTE, ARLEQUIN

500 ARLEQUIN – Eh bien ! Monsieur, mon commencement va bien ; je plais déjà à la soubrette.

*notes*
..................................................................................................

1. **hôtel:** hôtel particulier, demeure de haut rang.
2. **plaisant:** mot à double sens, qui peut signifier « qui plaît » ou « ridicule ».
3. **entretenez-vous:** maintenez-vous.

DORANTE – Butor[1] que tu es !

ARLEQUIN – Pourquoi donc ? mon entrée a été si gentille !

DORANTE – Tu m'avais tant promis de laisser là tes façons de
505     parler sottes et triviales[2] ! je t'avais donné de si bonnes instruc-
tions ! Je ne t'avais recommandé que d'être sérieux. Va, je vois
bien que je suis un étourdi de m'en être fié à toi.

ARLEQUIN – Je ferai encore mieux dans les suites[3], et puisque le
sérieux n'est pas suffisant, je donnerai du mélancolique[4] ; je
510     pleurerai, s'il le faut.

DORANTE – Je ne sais plus où j'en suis ; cette aventure-ci
m'étourdit. Que faut-il que je fasse ?

ARLEQUIN – Est-ce que la fille n'est pas plaisante ?

DORANTE – Tais-toi ; voici Monsieur Orgon qui vient.

## Scène X       MONSIEUR ORGON, DORANTE, ARLEQUIN

515   MONSIEUR ORGON – Mon cher Monsieur, je vous demande
mille pardons de vous avoir fait attendre ; mais ce n'est que de
cet instant que j'apprends que vous êtes ici.

ARLEQUIN – Monsieur, mille pardons, c'est beaucoup trop et il
n'en faut qu'un quand on n'a fait qu'une faute. Au surplus,
520     tous mes pardons sont à votre service.

MONSIEUR ORGON – Je tâcherai de n'en avoir pas besoin.

ARLEQUIN – Vous êtes le maître, et moi votre serviteur.

*notes*

1. **Butor :** bête.
2. **triviales :** ordinaires.
3. **dans les suites :** par la suite.
4. **je donnerai du mélancolique :** je ferai le mélancolique.

MONSIEUR ORGON – Je suis, je vous assure, charmé de vous voir, et je vous attendais avec impatience.

525 ARLEQUIN – Je serais d'abord venu ici avec Bourguignon ; mais quand on arrive de voyage, vous savez qu'on est si mal bâti[1], et j'étais bien aise de me présenter dans un état plus ragoûtant[2].

MONSIEUR ORGON – Vous y avez fort bien réussi. Ma fille s'habille ; elle a été un peu indisposée ; en attendant qu'elle
530 descende, voulez-vous vous rafraîchir ?

ARLEQUIN – Oh ! je n'ai jamais refusé de trinquer avec personne.

MONSIEUR ORGON – Bourguignon, ayez soin de vous, mon garçon.

535 ARLEQUIN – Le gaillard est gourmet ; il boira du meilleur.

MONSIEUR ORGON – Qu'il ne l'épargne pas.

notes.....

1. **mal bâti** : peu présentable (expression familière).
2. **ragoûtant** : appétissant.

73

Arlequin en Dorante (David Gouhier) troublé par
Lisette (Anne Caillere) dans le rôle de Silvia.
Mise en scène de Jean-Pierre Vincent (Amandiers, 1998).

Acte II

# Scène première

LISETTE,
MONSIEUR ORGON

MONSIEUR ORGON – Eh bien! que me veux-tu, Lisette?

LISETTE – J'ai à vous entretenir un moment.

MONSIEUR ORGON – De quoi s'agit-il?

LISETTE – De vous dire l'état où sont les choses, parce qu'il est
5   important que vous en soyez éclairci, afin que vous n'ayez
point à vous plaindre de moi.

MONSIEUR ORGON – Ceci est donc bien sérieux?

LISETTE – Oui, très sérieux. Vous avez consenti au déguisement
de Mademoiselle Silvia; moi-même je l'ai trouvé d'abord sans
10   conséquence; mais je me suis trompée.

MONSIEUR ORGON – Et de quelle conséquence est-il donc?

LISETTE – Monsieur, on a de la peine à se louer soi-même, mais
malgré toutes les règles de la modestie, il faut pourtant que
je vous dise que si vous ne mettez ordre à ce qui arrive, votre

75

15  prétendu gendre n'aura plus de cœur à donner à Mademoiselle votre fille. Il est temps qu'elle se déclare[1], cela presse ; car un jour plus tard, je n'en réponds plus.

MONSIEUR ORGON – Eh ! d'où vient qu'il ne voudra plus de ma fille ? Quand il la connaîtra, te défies-tu de ses charmes ?

20  LISETTE – Non ; mais vous ne vous méfiez pas assez des miens. Je vous avertis qu'ils vont leur train[2], et que je ne vous conseille pas de les laisser faire.

MONSIEUR ORGON – Je vous en fais mes compliments, Lisette. *(Il rit.)* Ah, ah, ah !

25  LISETTE – Nous y voilà ; vous plaisantez, Monsieur, vous vous moquez de moi ; j'en suis fâchée, car vous y serez pris.

MONSIEUR ORGON – Ne t'embarrasse pas, Lisette ; va ton chemin.

LISETTE – Je vous le répète encore, le cœur de Dorante va bien
30  vite. Tenez, actuellement je lui plais beaucoup ; ce soir il m'aimera ; il m'adorera demain ; je ne le mérite pas, il est[3] de mauvais goût, vous en direz ce qu'il vous plaira, mais cela ne laissera pas que d'être[4]. Voyez-vous, demain je me garantis adorée.

MONSIEUR ORGON – Eh bien, que vous importe : s'il vous aime
35  tant, qu'il vous épouse.

LISETTE – Quoi ! vous ne l'en empêcheriez pas ?

MONSIEUR ORGON – Non, d'homme d'honneur[5], si tu le mènes jusque-là.

LISETTE – Monsieur, prenez-y garde, jusqu'ici je n'ai pas aidé à
40  mes appas, je les ai laissé faire tout seuls ; j'ai ménagé sa tête : si je m'en mêle, je la renverse, il n'y aura plus de remède.

**notes**

1. **se déclare** : avoue son identité réelle.
2. **vont leur train** : font de plus en plus d'effet.
3. **il est** : c'est.

4. **ne laissera pas que d'être** : sera néanmoins ainsi.
5. **d'homme d'honneur** : sous-entendu « parole d'homme d'honneur ».

MONSIEUR ORGON – Renverse, ravage, brûle, enfin épouse, je te le permets si tu le peux.

LISETTE – Sur ce pied-là[1], je compte ma fortune faite.

45 MONSIEUR ORGON – Mais dis-moi, ma fille t'a-t-elle parlé, que pense-t-elle de son prétendu ?

LISETTE – Nous n'avons encore guère trouvé le moment de nous parler, car ce prétendu m'obsède[2] ; mais à vue de pays[3], je ne la crois pas contente, je la trouve triste, rêveuse, et je m'at-
50 tends bien qu'elle me priera de le rebuter[4].

MONSIEUR ORGON – Et moi, je te le défends. J'évite de m'expliquer avec elle ; j'ai mes raisons pour faire durer ce déguisement : je veux qu'elle examine son futur plus à loisir. Mais le valet, comment se gouverne-t-il[5] ? ne se mêle-t-il pas d'aimer
55 ma fille ?

LISETTE – C'est un original[6] ; j'ai remarqué qu'il fait l'homme de conséquence[7] avec elle, parce qu'il est bien fait ; il la regarde et soupire.

MONSIEUR ORGON – Et cela la fâche ?

60 LISETTE – Mais… elle rougit.

MONSIEUR ORGON – Bon ! tu te trompes ; les regards d'un valet ne l'embarrassent pas jusque-là.

LISETTE – Monsieur, elle rougit.

MONSIEUR ORGON – C'est donc d'indignation.

65 LISETTE – À la bonne heure !

MONSIEUR ORGON – En bien, quand tu lui parleras, dis-lui que tu soupçonnes ce valet de la prévenir[8] contre son maître ; et si

**notes**

1. **Sur ce pied-là :** dans ces conditions.
2. **m'obsède :** ne cesse de me faire la cour.
3. **à vue de pays :** à première vue.
4. **rebuter :** repousser.
5. **se gouverne-t-il :** se conduit-il.
6. **original :** extravagant.
7. **il fait l'homme de conséquence :** il fait l'important.
8. **la prévenir :** la monter par avance.

elle se fâche, ne t'en inquiète point, ce sont mes affaires. Mais voici Dorante qui te cherche apparemment.

# Scène II
LISETTE, ARLEQUIN,
MONSIEUR ORGON

70  ARLEQUIN – Ah ! je vous retrouve, merveilleuse dame ; je vous demandais à tout le monde. Serviteur[1], cher beau-père, ou peu s'en faut.

MONSIEUR ORGON – Serviteur. Adieu, mes enfants, je vous laisse ensemble ; il est bon que vous vous aimiez un peu avant
75  que de vous marier.

ARLEQUIN – Je ferais bien ces deux besognes-là à la fois, moi.

MONSIEUR ORGON – Point d'impatience, adieu.

# Scène III
LISETTE, ARLEQUIN

ARLEQUIN – Madame, il dit que je ne m'impatiente pas : il en parle bien à son aise, le bonhomme.

80  LISETTE – J'ai de la peine à croire qu'il vous en coûte tant d'attendre, Monsieur, c'est par galanterie que vous faites l'impatient ; à peine êtes-vous arrivé ! Votre amour ne saurait être bien fort ; ce n'est tout au plus qu'un amour naissant.

ARLEQUIN – Vous vous trompez, prodige de nos jours ; un
85  amour de votre façon[2] ne reste pas longtemps au berceau ; votre premier coup d'œil a fait naître le mien, le second lui a donné des forces et le troisième l'a rendu grand garçon ;

passage analysé

**notes**

1. **Serviteur:** formule de politesse employée pour saluer.
2. **de votre façon:** comme celui que vous avez fait naître.

tâchons de l'établir[1] au plus vite, ayez soin de lui puisque vous êtes sa mère.

90  LISETTE – Trouvez-vous qu'on le maltraite ? Est-il si abandonné ?

ARLEQUIN – En attendant qu'il soit pourvu[2], donnez-lui seulement votre belle main blanche, pour l'amuser un peu.

LISETTE – Tenez donc, petit importun, puisqu'on ne saurait avoir la paix qu'en vous amusant.

95  ARLEQUIN, *lui baisant la main.* – Cher joujou de mon âme ! cela me réjouit comme du vin délicieux. Quel dommage de n'en avoir que roquille[3] !

LISETTE – Allons, arrêtez-vous, vous êtes trop avide.

ARLEQUIN – Je ne demande qu'à me soutenir[4] en attendant que
100  je vive.

LISETTE – Ne faut-il pas avoir de la raison ?

ARLEQUIN – De la raison ! hélas, je l'ai perdue ; vos beaux yeux sont les filous qui me l'ont volée.

LISETTE – Mais est-il possible que vous m'aimiez tant ? je ne
105  saurais me le persuader.

ARLEQUIN – Je ne me soucie pas de ce qui est possible, moi ; mais je vous aime comme un perdu, et vous verrez bien dans votre miroir que cela est juste.

LISETTE – Mon miroir ne servirait qu'à me rendre plus
110  incrédule.

ARLEQUIN – Ah, mignonne, adorable ! votre humilité ne serait donc qu'une hypocrite !

LISETTE – Quelqu'un vient à nous ; c'est votre valet.

**notes**

1. **l'établir :** lui donner une situation, le marier.
2. **qu'il soit pourvu :** qu'on lui donne ce dont il a besoin.

3. **roquille :** « *la plus petite des mesures servant pour le vin* » (*Dictionnaire de l'Académie*, 1718).
4. **soutenir :** maintenir.

79

# Scène IV     DORANTE, ARLEQUIN, LISETTE

DORANTE – Monsieur, pourrais-je vous entretenir un moment ?

115 ARLEQUIN – Non ; maudite soit la valetaille[1] qui ne saurait nous laisser en repos !

LISETTE – Voyez ce qu'il vous veut, Monsieur.

DORANTE – Je n'ai qu'un mot à vous dire.

ARLEQUIN – Madame, s'il en dit deux, son congé sera le troi-
120 sième. Voyons.

DORANTE, *bas à Arlequin*. – Viens donc, impertinent.

ARLEQUIN, *bas à Dorante*. – Ce sont des injures, et non pas des mots, cela… *(À Lisette.)* Ma reine, excusez.

LISETTE – Faites, faites.

125 DORANTE, *bas*. – Débarrasse-moi de tout ceci ; ne te livre point[2], parais sérieux et rêveur, et même mécontent ; entends-tu ?

ARLEQUIN – Oui, mon ami ; ne vous inquiétez pas, et retirez-vous.

# Scène V     ARLEQUIN, LISETTE

ARLEQUIN – Ah ! Madame, sans lui j'allais vous dire des belles
130 choses, et je n'en trouverai plus que de communes à cette heure, hormis mon amour qui est extraordinaire. Mais à propos de mon amour, quand est-ce que le vôtre lui tiendra compagnie ?

*notes*..................................................................................................

| **1. la valetaille :** les valets (terme dépréciatif).     | **2. ne te livre point :** sois réservé.

LISETTE – Il faut espérer que cela viendra.

135 ARLEQUIN – Et croyez-vous que cela vienne ?

LISETTE – La question est vive ; savez-vous bien que vous m'embarrassez ?

ARLEQUIN – Que voulez-vous ? Je brûle, et je crie au feu.

LISETTE – S'il m'était permis de m'expliquer si vite…

140 ARLEQUIN – Je suis du sentiment que vous le pouvez en conscience.

LISETTE – La retenue de mon sexe ne le veut pas[1].

ARLEQUIN – Ce n'est donc pas la retenue d'à présent qui donne bien des permissions.

145 LISETTE – Mais que me demandez-vous ?

ARLEQUIN – Dites-moi un petit brin que vous m'aimez. Tenez, je vous aime, moi ; faites l'écho ; répétez, Princesse.

LISETTE – Quel insatiable ! Eh bien ! Monsieur, je vous aime.

ARLEQUIN – Eh bien, Madame, je me meurs ; mon bonheur me
150 confond, j'ai peur d'en courir les champs[2]. Vous m'aimez, cela est admirable !

LISETTE – J'aurais lieu à mon tour d'être étonnée de la promptitude de votre hommage. Peut-être m'aimerez-vous moins quand nous nous connaîtrons mieux.

155 ARLEQUIN – Ah, Madame ! quand nous en serons là j'y perdrai beaucoup, il y aura bien à décompter[3].

LISETTE – Vous me croyez plus de qualités que je n'en ai.

ARLEQUIN – Et vous, Madame, vous ne savez pas les miennes ; et je ne devrais vous parler qu'à genoux.

passage analysé

**notes**

**1. La retenue de mon sexe ne le veut pas :** la retenue qui sied aux femmes m'interdit de m'expliquer.

**2. courir les champs :** devenir fou.
**3. il y aura bien à décompter :** je vais beaucoup y perdre.

81

160 LISETTE – Souvenez-vous qu'on n'est pas les maîtres de son sort.

ARLEQUIN – Les pères et mères font tout à leur tête.

LISETTE – Pour moi, mon cœur vous aurait choisi, dans quelque état que vous eussiez été[1].

165 ARLEQUIN – Il a beau jeu pour[2] me choisir encore.

LISETTE – Puis-je me flatter que vous êtes de même à mon égard?

ARLEQUIN – Hélas, quand vous ne seriez que Perrette ou Margot, quand je vous aurais vue, le martinet[3] à la main, descendre à la
170 cave, vous auriez toujours été ma Princesse.

LISETTE – Puissent de si beaux sentiments être durables!

ARLEQUIN – Pour les fortifier de part et d'autre, jurons-nous de nous aimer toujours, en dépit de toutes les fautes d'orthographe[4] que vous aurez faites sur mon compte.

175 LISETTE – J'ai plus d'intérêt à ce serment-là que vous, et je le fais de tout mon cœur.

ARLEQUIN *se met à genoux.* – Votre bonté m'éblouit, et je me prosterne devant elle.

LISETTE – Arrêtez-vous; je ne saurais vous souffrir dans cette
180 posture-là, je serais ridicule de vous y laisser; levez-vous. Voilà encore quelqu'un.

**suite, p. 97**

*Texte en marge :* passage analysé

notes

1. **dans quelque état que vous eussiez été**: quelle qu'eût été votre condition sociale.
2. **Il a beau jeu pour**: il peut aisément.
3. **martinet**: petit chandelier.
4. **fautes d'orthographe**: erreurs sur l'identité.

# Le miroir comique

Lecture analytique des scènes 3 à 5 de l'acte II, pp. 78 à 82.

Après la rencontre de Silvia et Dorante déguisés en domestiques, à la fin de l'acte I, Marivaux prend son temps avant de présenter une scène très attendue, entre Lisette et Arlequin. Comme en un miroir déformant, les valets habillés en maîtres dressent le tableau bouffon d'une scène galante. Tous deux ont bien du mal à tenir leur rôle, tant la gaieté et la vivacité de leurs tempéraments s'opposent à l'idée qu'ils se font des amours des maîtres. Il paraît invraisemblable que Lisette ne perce pas le déguisement d'Arlequin, vu ses bouffonneries, mais elle est elle-même trop prise par le jeu pour prendre du recul. Les valets de Marivaux sont habitués à s'aimer dès le premier regard et à le dire aussitôt. Ils sont rapides et légers ; aussi seront-ils les premiers à s'avouer la vérité. Pour interrompre comiquement la scène, Marivaux fait entrer successivement Dorante et Silvia en domestiques ; pour Dorante, c'est l'unique fois où il voit la fausse Silvia, et il ne lui manifeste aucun intérêt !

## Arlequin, valet comique

Le personnage d'Arlequin est une « star » du théâtre italien ; tout le monde connaît son apparence : un costume de tissus en losanges multicolores, un bâton (ou « batte ») et, le plus souvent, un masque. Ce masque peut être inspiré d'un chat, d'un singe ou d'un cochon, selon que l'acteur voudra insister sur un aspect du caractère d'Arlequin : finesse ou balourdise, grivoiserie, glou-tonnerie… Chez Marivaux, Arlequin est bien plus policé que chez les Italiens. Il ne possède a priori ni masque ni batte, et porte probablement une livrée de domestique – quand il n'usurpe pas, comme ici, le rôle de son maître. Mais il conserve un grand nombre de traits du valet italien : à la fois benêt et malin, il semble incorrigiblement inadapté à la vie dans le grand monde ; sa liberté de langage détonne dans des milieux habitués aux expressions les plus recherchées ; véritable cœur d'artichaut, il s'enflamme très vite à la vue d'une jolie fille – quitte à la délaisser au profit d'un bon repas.

On retrouve le personnage d'Arlequin dans presque toutes les pièces de jeunesse de Marivaux *(L'Île des esclaves, La Surprise de l'amour, La Double Inconstance, Le Prince travesti…)*, la plupart du temps en contrepoint comique de son maître. Cette thématique du couple maître/serviteur se retrouve dans le roman (chez Cervantès : Don Quichotte et Sancho Pança) et au théâtre (chez Molière : Dom Juan et Sganarelle ; chez Brecht : maître Puntila et son valet Matti). Sur le même principe, le cinéma a souvent proposé des duos d'hommes, à la fois opposés et complémentaires : le héros et son « faire-valoir » comique. Lorsque le faire-valoir comique est amené à remplacer le jeune premier, il singe ses attitudes et sa façon de parler. Ses efforts pour ressembler au héros sont toujours voués à l'échec, soit un échec involontaire – comme Sganarelle essayant de séduire sous le costume de Dom Juan –, soit un échec volontaire, quand le bouffon parodie* son maître et tourne ainsi le héros en ridicule – c'est la grande spécialité d'Arlequin. S'il est permis à Arlequin de rêver à un avenir social meilleur, l'échange de rôles n'a qu'un temps. Le réveil sera douloureux. Le procédé nous paraît cruel : Arlequin, lui, s'efforce d'en rire.

.......................... **Une scène parodique** ..........................

❶ Relevez des expressions d'Arlequin qui parodient le langage galant.
❷ Comment Arlequin et Lisette accélèrent-ils le rythme de la scène ? Se prennent-ils au sérieux ?

.......................... **La cruauté du procédé** ..........................

❸ Quels jeux de scène relevez-vous chez Arlequin et Lisette ? Qu'ont-ils d'incongru ?
❹ Analysez ce que la situation a de cruel pour les deux protagonistes*. Comment Arlequin et Lisette envisagent-ils la fin du travestissement ?

* Cf. **Lexique**.

# Le thème du quatuor

Marivaux affectionne le thème du quatuor : deux couples qui se croisent et s'opposent, socialement, puis par contrastes de caractères. Plus le couple « sérieux » se prend au tragique, plus le couple comique désamorce la pesanteur qui pourrait s'installer. Le thème de l'amour, entonné par Dorante, est repris par Arlequin et Lisette qui semblent improviser autour de ce thème, en dévoyant comiquement le langage et les situations de l'amour galant. La présence de deux couples entraîne une construction dramatique* particulière, avec alternance des couples et croisements. Chaque couple a son meneur (Silvia mène Dorante et Arlequin mène Lisette) : il est notable que, dans *Le Jeu de l'amour et du hasard*, le vrai Dorante ne rencontre jamais la fausse Silvia en tête à tête ; Marivaux évite une scène entre les antagonistes mineurs.

C'est un procédé musical. À l'opéra, la partition d'orchestre peut suivre la mélodie que chante un personnage ou, à l'inverse, en proposer une version déformée. Ainsi un air sérieux peut-il être tourné en dérision ou une tirade comique avoir des résonances graves. La référence musicale n'est pas fortuite. Elle rappelle que le spectacle présenté est avant tout un divertissement.

## Duo des hommes, duo des femmes

❺ Comment la vraie Silvia s'adresse-t-elle à Lisette ? et comment Lisette répond-elle ?

❻ Qu'ont en commun Dorante et Arlequin ? Semblent-ils de connivence ? Analysez l'agressivité de Dorante.

❼ Comparez les interventions de Silvia et de Dorante au milieu de la scène entre Arlequin et Lisette. Sont-elles équivalentes ?

## Le ballet

❽ Analysez la construction de la première partie de l'acte II, et en particulier les entrées et sorties des personnages. Comment Marivaux joue-t-il de la symétrie ?

❾ Comment Marivaux évite-t-il la présence sur scène des quatre personnages simultanément ?

* *Cf.* Lexique.

# L'improvisation et la reprise des mots

## Lectures croisées et travaux d'écriture

La pratique de l'improvisation trouve sa source dans le théâtre de foire médiéval, quand les comédiens devaient retenir par la force de leur jeu un public de passage : jeux physiques, bouffonneries, cris, chansons permettaient de surprendre et de divertir l'auditoire.

Le Théâtre-Italien, à qui Marivaux confie la plupart de ses premières pièces, est l'héritier de cette tradition que l'on nommera plus tard « la *commedia dell'arte*\* ». Les acteurs y interprètent des personnages fixés une fois pour toutes ; ils se mettent d'accord sur une histoire globale, une trame dite « canevas » ; ensuite, le spectacle se déroule, toujours différent, suivant l'invention de chacun. Le spectateur sait très bien que la fin verra le couple d'amoureux triompher des obstacles. Mais il prend plaisir à voir l'Arlequin interrompre sa sérénade à Colombine pour happer en vol une mouche imaginaire et décider, après hésitation, de la manger ; à voir Pantalon, vieillard ridicule, s'y reprendre à dix fois pour grimper sur une échelle de trois barreaux ; ou le Docteur, notable pontifiant, continuer sa tirade longtemps après que ses partenaires se sont endormis ou ont disparu de la scène.

L'acteur qui improvise seul joue avec le public. Il adresse des répliques aux spectateurs, fait des allusions à des événements ou des personnages connus de tous. Suivant la réaction du public, il prolonge tel jeu de scène à l'infini. Dans l'improvisation à deux, le dialogue joue une part importante, selon la technique dite « de la patate chaude » : le premier acteur improvise un début de conversation, le second reprend quelques mots de son partenaire et brode dessus, avant de rendre la parole au premier. Il s'ensuit une joute verbale, dans laquelle chacun essaie de déstabiliser l'autre tout en gardant la maîtrise du jeu : le public, comme au cirque, guette l'instant où l'un des deux va chuter.

\* *Cf.* Lexique.

On retrouve de nombreuses traces de cette pratique chez Marivaux. Ainsi Arlequin répète une expression d'Orgon et la prend au pied de la lettre. Le comique naît de ces répétitions, dans lesquelles un mot initial voit ses sens épuisés un à un par des personnages qui semblent avoir oublié ce qu'ils étaient venus faire sur scène.

Les auteurs du XVIIIe siècle, comme Carlo Goldoni, ont souvent lutté contre les comédiens improvisateurs, qui se moquaient de la pièce qu'ils jouaient et se servaient d'elle pour briller. Ils redoutaient également de dépendre de la méforme des comédiens : si l'improvisation provoque parfois l'émotion par son aspect éphémère, non reproductible, elle est aussi une dangereuse source de disparités entre les représentations, au détriment de la qualité générale du spectacle. Aussi Goldoni a-t-il toute sa vie cherché à fixer les dialogues pour empêcher les acteurs de modifier sa création. Aujourd'hui, parmi les diverses pratiques qui contribuent à la formation du comédien, l'improvisation tient une large part. Elle stimule l'imagination et la réactivité du comédien, qui, non protégé par un texte préétabli, doit être à la fois inventif pour lui-même et attentif aux propositions de ses partenaires.

### Texte A : Scènes 3 à 5 de l'acte II du *Jeu de l'amour et du hasard* de Marivaux (pp. 78 à 82)

### Texte B : Carlo Goldoni, *Le Serviteur de deux maîtres*
*Le Vénitien Carlo Goldoni a écrit une centaine de pièces, reprenant les canevas de la* commedia dell'arte *traditionnelle. Dans* Le Serviteur de deux maîtres, *il immortalise la première rencontre des deux domestiques Arlequin et Sméraldine.*

ARLEQUIN, *une bouteille à la main, une serviette autour du cou.* – Qui c'est qui me demande ?

SMÉRALDINE – C'est moi, monsieur ; je regrette de vous avoir dérangé.

ARLEQUIN – Ce n'est rien ; me voilà prêt à recevoir vos ordres.

SMÉRALDINE – Vous étiez à table, à ce que je vois.

ARLEQUIN – J'étais à table. Mais ne vous inquiétez pas, j'y retournerai.

SMÉRALDINE – Sincèrement, je le regrette.

ARLEQUIN – Moi, ça me fait plaisir. Pour tout vous dire, j'ai le ventre plein, et ces beaux petits yeux viennent juste à propos pour me faire digérer.

SMÉRALDINE, *à part.* – Il est vraiment charmant !

ARLEQUIN – Je pose cette petite bouteille, et je suis à vous, ma chérie.

SMÉRALDINE, *à part.* – Il m'a appelée « chérie » ! *(Haut:)* Ma maîtresse envoie ce billet à M. Federigo Rasponi ; moi, je ne veux pas entrer dans une auberge, alors j'ai pensé vous causer ce dérangement, puisque vous êtes son serviteur.

ARLEQUIN – Volontiers, je le lui apporterai ; mais d'abord sachez que moi aussi j'ai une ambassade à vous faire.

SMÉRALDINE – De la part de qui ?

ARLEQUIN – De la part d'un honnête homme. Dites-moi, vous connaissez, vous, un certain Arlequin Batocchio ?

SMÉRALDINE – Il me semble l'avoir entendu nommer une fois, mais je ne le connais pas. *(À part:)* Mais ce n'est pas lui ?

ARLEQUIN – C'est un bel homme : pas trop grand, musclé, plein d'esprit, il parle bien. Maître des cérémonies…

SMÉRALDINE – Je ne le connais absolument pas.

ARLEQUIN – Et pourtant, lui, il vous connaît. Et il est amoureux de vous.

SMÉRALDINE – Oh ! Vous vous moquez de moi.

ARLEQUIN – S'il pouvait espérer un peu de répondant, il se ferait connaître.

SMÉRALDINE – Je le dirai, monsieur ; si je le voyais et s'il me convenait, il me serait facile de lui donner du répondant.

ARLEQUIN – Voulez-vous que je vous le fasse voir ?

SMÉRALDINE – Je le verrais avec plaisir.

ARLEQUIN – Alors, tout de suite.

*Il entre à l'auberge.*

SMÉRALDINE – Donc, ce n'est pas lui.

*Arlequin sort de l'auberge, fait des révérences à Sméraldine, passe près d'elle, soupire, et rentre à l'auberge.*

SMÉRALDINE – Qu'est-ce que c'est que cette histoire ? Je n'y comprends rien.

ARLEQUIN, *ressortant.* – Vous l'avez vu ?

SMÉRALDINE – Qui ?

ARLEQUIN – Celui qui est amoureux de vos beautés.

SMÉRALDINE – Mais je n'ai vu que vous.

ARLEQUIN – Eh oui…

SMÉRALDINE – Serait-ce donc vous, celui qui dit qu'il m'aime ?

ARLEQUIN – Eh oui…

SMÉRALDINE – Pourquoi ne pas me l'avoir dit tout de suite ?

ARLEQUIN – Parce que je suis un tout petit peu timide.

SMÉRALDINE, *à part.* – Il rendrait amoureux les rochers.

ARLEQUIN – Et alors, qu'est-ce que vous m'en dites ?

SMÉRALDINE – Je dis que…

ARLEQUIN – Allons, dites-le.

SMÉRALDINE – C'est que moi aussi je suis un tout petit peu timide.

ARLEQUIN – Si on s'unissait ensemble, ce serait le mariage de deux personnes un tout petit peu timides.

SMÉRALDINE – En vérité, je crois que vous me convenez.

ARLEQUIN – Vous êtes pucelle ?

SMÉRALDINE – Oh ! Ça ne se demande même pas !

ARLEQUIN – Ça veut dire : certainement pas.

SMÉRALDINE – Que non ! ça veut dire : certainement si.

ARLEQUIN – Moi aussi, je suis puceau.

SMÉRALDINE – J'aurais pu me marier cinquante fois, mais je n'ai jamais trouvé personne qui me convienne.

ARLEQUIN – Puis-je espérer pénétrer votre sympathie ?

SMÉRALDINE – En vérité, je dois avouer, vous avez un je-ne-sais-quoi… Ça suffit, je n'en dis pas plus.

ARLEQUIN – Quelqu'un qui vous voudrait pour femme, comment devrait-il s'y prendre ?

SMÉRALDINE – Je n'ai ni père ni mère. Il faudrait le dire à mon maître ou à ma maîtresse.

ARLEQUIN – Très bien. Et si je le leur dis, qu'est-ce qu'ils diront ?

SMÉRALDINE – Ils diront que, si moi je suis contente…

ARLEQUIN – Et vous, qu'est-ce que vous direz ?

SMÉRALDINE – Je dirai… que, si eux sont contents…

Carlo Goldoni, *Le Serviteur de deux maîtres*, 1745, scène 17 de l'acte II, trad. d'Elio Suhamy, © Hachette Livre.

## Texte C : Marivaux, *La Fausse Suivante*

**La Fausse Suivante** *est une des premières pièces de Marivaux. On y voit une jeune fille déguisée en chevalier pour étudier Lélio, qu'on lui destine; sous ce vêtement, elle séduit une frivole comtesse, que Lélio tentait, justement, de séduire.*

*Ils entrent tous deux comme continuant de se parler.*

LA COMTESSE – Non, Monsieur, je ne vous comprends point. Vous liez amitié avec le Chevalier, vous me l'amenez; et vous voulez ensuite que je lui fasse mauvaise mine! Qu'est-ce que c'est que cette idée-là? Vous m'avez dit vous-même que c'était un homme aimable, amusant, et effectivement j'ai jugé que vous aviez raison.

LÉLIO, *répétant un mot.* – Effectivement! Cela est donc bien effectif? Eh bien! je ne sais que vous dire; mais voilà un *effectivement* qui ne devrait pas se trouver là, par exemple.

LA COMTESSE – Par malheur, il s'y trouve.

LÉLIO – Vous me raillez, Madame.

LA COMTESSE – Voulez-vous que je respecte votre antipathie pour *effectivement*? Est-ce qu'il n'est pas bon français? L'a-t-on proscrit de la langue?

LÉLIO – Non, Madame; mais il marque que vous êtes un peu trop persuadée du mérite du Chevalier.

LA COMTESSE – Il marque cela? Oh! il a tort, et le procès que vous lui faites est raisonnable, mais vous avouerez qu'il n'y a pas de mal à sentir suffisamment le mérite d'un homme, quand le mérite est réel; et c'est comme j'en use avec le Chevalier.

LÉLIO – Tenez, *sentir* est encore une expression qui ne vaut pas mieux; *sentir* est trop, c'est *connaître* qu'il faudrait dire.

LA COMTESSE – Je suis d'avis de ne dire plus mot, et d'attendre que vous m'ayez donné la liste des termes sans reproche que je dois employer, je crois que c'est le plus court; il n'y a que ce moyen-là qui puisse me mettre en état de m'entretenir avec vous.

LÉLIO – Eh! Madame, faites grâce à mon amour.

LA COMTESSE – Supportez donc mon ignorance; je ne savais pas la différence qu'il y avait entre *connaître* et *sentir*.

LÉLIO – Sentir, Madame, c'est le style du cœur, et ce n'est pas dans ce style-là que vous devez parler du Chevalier.

LA COMTESSE – Écoutez; le vôtre ne m'amuse point; il est froid, il me glace; et, si vous voulez même, il me rebute.

LÉLIO *à part*. – Bon! je retirerai mon billet[1].

LA COMTESSE – Quittons-nous, croyez-moi; je parle mal, vous ne me répondez pas mieux; cela ne fait pas une conversation amusante.

LÉLIO – Allez-vous rejoindre le Chevalier?

LA COMTESSE – Lélio, pour prix des leçons que vous venez de me donner, je vous avertis, moi, qu'il y a des moments où vous feriez bien de ne pas vous montrer; entendez-vous?

LÉLIO – Vous me trouvez donc bien insupportable?

LA COMTESSE – Épargnez-vous ma réponse; vous auriez à vous plaindre de la valeur de mes termes, je le sens bien.

LÉLIO – Et moi, je sens que vous vous retenez; vous me diriez de bon cœur que vous me haïssez.

LA COMTESSE – Non; mais je vous le dirai bientôt, si cela continue, et cela continuera sans doute.

Marivaux, *La Fausse Suivante*, scène 2 de l'acte II, 1724.

1. **je retirerai mon billet:** Lélio a parié avec le Chevalier qu'il séduirait la Comtesse.

## Texte D: Constantin Stanislavski, *La Formation de l'acteur*

*L'acteur et metteur en scène russe Constantin Stanislavski a proposé un système théorique complet sur le métier de comédien. Dans* La Formation de l'acteur, *il suit l'apprentissage d'un acteur débutant, sans cesse en lutte contre les mauvaises habitudes, la paresse et la fébrilité.*

«LA FOI ET LE SENS DU VRAI», c'est ce que nous avons vu, en entrant dans la salle, écrit sur un grand panneau.

Avant que le cours ne commence, nous étions tous sur le plateau, occupés à chercher le porte-monnaie que Maria avait perdu, une fois de plus. Soudain nous avons entendu la voix du Directeur qui, sans que nous nous en doutions, nous observait de la salle.

– Quel cadre excellent que la scène! dit-il. Vous étiez tous parfaitement sincères. On percevait dans tous vos gestes un sens de la vérité; on sentait votre foi en tous les objectifs physiques que vous vous proposiez. Ils étaient nets et précis, et toute votre attention soigneusement concentrée. Tous ces éléments opéraient correctement et harmonieusement pour créer…

peut-on dire une œuvre artistique ? Non ! Ce n'était pas de l'art. C'était seulement la réalité. Recommencez donc.

Nous avons remis le porte-monnaie où il était et nous avons recommencé. Mais cette fois nous n'avions pas à chercher vraiment puisque nous savions où il était. Nous n'avons donc rien fait de bon.

Tortsov nous dit :

– Non. Je n'ai vu ni objectifs, ni action, ni vérité. Et pourquoi ? Si votre première action était réelle, pourquoi n'êtes-vous pas capables de la répéter ? Il me semble qu'il n'est pas besoin d'être un acteur pour cela, mais un homme comme les autres.

Nous avons essayé d'expliquer à Tortsov que la première fois il *fallait* retrouver le porte-monnaie de Maria, tandis que la deuxième fois ce n'était plus nécessaire. D'où l'impression de réalité la première fois, et une mauvaise imitation la seconde.

– Eh bien, recommencez et jouez-moi la même scène avec vérité cette fois, dit-il.

Nous avons refusé, expliquant que ce n'était pas aussi simple que cela paraissait, qu'il était indispensable de nous préparer, de répéter, vivre la scène…

– La *vivre* ? s'écria le Directeur. Mais c'est ce que vous venez de faire !

Petit à petit, nous questionnant et nous expliquant, Tortsov nous amena à découvrir qu'il y a deux sortes de vérités et de fois en nos actes. *Il y a d'abord celle qui naît automatiquement, et sur le plan de l'action réelle* (comme c'était le cas lorsque nous cherchions le porte-monnaie de Maria), puis il y a *celle de la scène, qui est tout aussi vraie, mais qui trouve son origine sur le plan de l'imagination artistique.*

– Pour réaliser le sens du vrai et le reproduire dans la scène du porte-monnaie perdu, il vous faut un levier qui vous fasse accéder au niveau de la vie imaginaire, nous expliqua le Directeur. Là, vous fabriquerez une histoire analogue à celle que vous venez de vivre. Des « circonstances proposées » habilement choisies vous aideront à percevoir et à créer une vérité pour la scène en laquelle vous pourrez croire. Dans la vie courante, la vérité est ce qui existe réellement, ce qu'on connaît. Tandis que sur la scène elle est faite de choses qui n'existent pas réellement, mais qui pourraient arriver.

Constantin Stanislavski, *La Formation de l'acteur*, trad. d'Élisabeth Janvier, Payot, 1963.

**Texte E : Roland Dubillard, *Les Diablogues***
**Les Diablogues** *sont des scènes à deux personnages, « Un » et « Deux »,*
*dont les dialogues glissent doucement vers l'absurde.*

*À jouer avec des temps de réflexion très longs.*

Un
Parce qu'il y a une chose qu'il ne faut jamais oublier, n'est-ce pas ? Une chose qu'il faut avoir tout le temps présente à l'esprit, sans ça on ne comprend pas… C'est qu'à ce moment-là, au moment où il écrivait ça… – eh ben, il était sourd.

Deux (*après un temps*)
Beethoven.

Un
Beethoven. Sourd. Et sourd des deux oreilles.

Deux
Ouais…

Un
Ouais !

Deux
Ouais, mais quand même : c'est pas avec ses oreilles qu'il écrivait ? hein ?

Un
Beethoven ?

Deux
Beethoven.

Un
Non. Je n'ai pas dit ça.

Deux
Il écrivait comme tout le monde, Beethoven. Avec ses doigts. C'est pas parce qu'il était sourd qu'il ne pouvait pas écrire.

Un
Non.

Deux
Alors, faut pas dire ça.

Un
Quoi, ça ?

Deux
Eh bien, ce que vous dites.

*Un temps.*

UN
Quoi, quoi... Il n'était pas sourd, Beethoven ?

DEUX
Si.

UN
Alors ?

DEUX
Mais c'est pas ça qui l'empêchait d'écrire.

UN
Justement ! C'est ça qui est extraordinaire !

DEUX
Extraordinaire ! Mais mon pauvre ami, moi qui vous parle, quand il faut que j'écrive, vous savez ce que je fais ?

UN
Non.

DEUX
Je me bouche les oreilles. Pour ne pas entendre les autos – le raffut qu'ils font dans la rue. Avec de la cire, je me les bouche.

UN
Les oreilles ?

DEUX
Les oreilles.

UN
Eh bien, ça prouve que vous n'êtes pas Beethoven, voilà tout.

DEUX
Moi ?

UN
Mais oui, vous, parfaitement. Ne faites pas la bête.

*Un temps.*

DEUX
Beethoven ! moi !

UN
Vous, oui. Pas Beethoven, bien sûr : vous.

DEUX
Mais je ne vous ai jamais dit que j'étais Beethoven !

**Un**
Je sais bien que vous n'êtes pas Beethoven…

**Deux**
Seulement quoi ?

**Un**
Seulement vous faites comme lui.

**Deux**
Pour écrire !

**Un**
Pour écrire, oui. Vous l'imitez.

**Deux**
Je me bouche les oreilles ?

**Un**
Oui.

**Deux**
Oh, ben naturellement, c'est moi qui vous l'ai dit.

*Un temps.*

De là à conclure que je me prends pour Beethoven… Dites !…

**Un**
Y a qu'un pas.

**Deux**
Oui, mais y a un pas.

**Un**
Et un pas de géant. Parce que vous avez beau vous boucher les oreilles pour écrire, eh ben, ce que vous écrivez, hein !…

**Deux**
C'est pas de la musique.

**Un**
C'est pas de la musique.

**Deux**
Non.

**Un**
Non.

**Deux**
C'est plutôt une lettre à ma petite sœur, par exemple.

Roland Dubillard, *Les Diablogues*, « B. B. ou la musicologie », Gallimard, 1976.

---

### Corpus

**Texte A :** Scènes 3 à 5 de l'acte II du *Jeu de l'amour et du hasard* de Marivaux (pp. 78 à 82).

**Texte B :** Scène 17 de l'acte II du *Serviteur de deux maîtres* de Carlo Goldoni (pp. 87 à 89).

**Texte C :** Extrait de la scène 2 de l'acte II de *La Fausse Suivante* de Marivaux (pp. 90-91).

**Texte D :** Extrait de *La Formation de l'acteur* de Constantin Stanislavski (pp. 91-92).

**Texte E :** Extrait des *Diablogues* de Roland Dubillard (pp. 93 à 95).

---

## Examen des textes

❶ Étudiez l'importance des apartés* dans les textes B et C. Que signifient-ils ?

❷ En quoi l'enchaînement des répliques est-il source de comique (textes B et E) ?

❸ Quel jeu sur le langage observe-t-on chez Arlequin et Sméraldine (texte B) ? En trouve-t-on un équivalent chez les personnages du texte C ? et dans le texte E ?

❹ Quel est le but de Tortsov lorsqu'il demande aux comédiens de reproduire une scène qu'ils viennent de vivre ? Comment Stanislavski définit-il le vrai au théâtre (texte D) ?

## Travaux d'écriture

**Question préliminaire.** Étudiez le rythme des scènes dans les textes A, B, C et E. En accélérant l'enchaînement des répliques, les comédiens peuvent-ils toujours accentuer les effets comiques ?

**Commentaire.** Vous ferez le commentaire de l'extrait de *La Fausse Suivante* de Marivaux (texte C).

**Dissertation.** Le théâtre doit-il représenter la vérité ? Vous vous appuierez, pour répondre, sur les textes du corpus, vos lectures personnelles et des spectacles que vous avez vus.

**Écriture d'invention.** Imaginez un dialogue dans l'esprit des *Diablogues* de Roland Dubillard à partir d'un texte journalistique que vous présenterez.

* *Cf.* Lexique.

# Scène VI          LISETTE, ARLEQUIN, SILVIA

LISETTE – Que voulez-vous, Lisette ?

SILVIA – J'aurais à vous parler, Madame.

ARLEQUIN – Ne voilà-t-il pas ![1] Hé, m'amie revenez dans un
185    quart d'heure, allez, les femmes de chambre de mon pays
n'entrent point qu'on ne[2] les appelle.

SILVIA – Monsieur, il faut que je parle à Madame.

ARLEQUIN – Mais voyez l'opiniâtre soubrette ! Reine de ma vie,
renvoyez-la. Retournez-vous-en, ma fille. Nous avons ordre
190    de nous aimer avant qu'on nous marie, n'interrompez pas nos
fonctions.

LISETTE – Ne pouvez-vous pas revenir dans un moment,
Lisette ?

SILVIA – Mais, Madame…

195 ARLEQUIN – Mais ! ce *mais*-là n'est bon qu'à me donner la
fièvre.

SILVIA, *à part les premiers mots*. – Ah le vilain homme ! Madame, je
vous assure que cela est pressé.

LISETTE – Permettez donc que je m'en défasse, Monsieur.

200 ARLEQUIN – Puisque le diable le veut, et elle aussi… patience…
je me promènerai en attendant qu'elle ait fait[3]. Ah, les sottes
gens que nos gens[4].

---

*notes*

**1. Ne voilà-t-il pas !** : exclamation qui exprime
l'agacement et l'impatience.
**2. n'entrent point qu'on ne** : n'entrent que si on.

**3. qu'elle ait fait** : qu'elle en ait fini.
**4. gens** : domestiques.

# Scène VII     SILVIA, LISETTE

SILVIA – Je vous trouve admirable[1] de ne pas le renvoyer tout d'un coup, et de me faire essuyer les brutalités[2] de cet animal-là.

205  LISETTE – Pardi ! Madame, je ne puis pas jouer deux rôles à la fois ; il faut que je paraisse ou la maîtresse, ou la suivante ; que j'obéisse ou que j'ordonne.

SILVIA – Fort bien ; mais puisqu'il n'y est plus, écoutez-moi comme votre maîtresse : vous voyez bien que cet homme-là
210  ne me convient point.

LISETTE – Vous n'avez pas eu le temps de l'examiner beaucoup.

SILVIA – Êtes-vous folle avec votre examen ? Est-il nécessaire de le voir deux fois pour juger du peu de convenance[3] ? En un mot, je n'en veux point. Apparemment que mon père n'ap-
215  prouve pas la répugnance qu'il me voit, car il me fuit, et ne me dit mot. Dans cette conjoncture, c'est à vous à me tirer tout doucement d'affaire, en témoignant adroitement à ce jeune homme que vous n'êtes pas dans le goût de l'épouser.

LISETTE – Je ne saurais, Madame.

220  SILVIA – Vous ne sauriez ? Et qu'est-ce qui vous en empêche ?

LISETTE – Monsieur Orgon me l'a défendu.

SILVIA – Il vous l'a défendu ! Mais je ne reconnais point mon père à ce procédé-là !

LISETTE – Positivement[4] défendu.

225  SILVIA – Eh bien ! je vous charge de lui dire mes dégoûts, et de l'assurer qu'ils sont invincibles ; je ne saurais me persuader qu'après cela il veuille pousser les choses plus loin.

---

*notes*

**1. admirable :** étonnante.
**2. brutalités :** grossièretés.

**3. juger du peu de convenance :** comprendre à quel point il ne me convient pas.
**4. Positivement :** catégoriquement.

LISETTE – Mais, Madame, le futur, qu'a-t-il donc de si désagréable, de si rebutant ?

230 SILVIA – Il me déplaît, vous dis-je, et votre peu de zèle aussi.

LISETTE – Donnez-vous le temps de voir ce qu'il est, voilà tout ce qu'on vous demande.

SILVIA – Je le hais assez sans prendre du temps pour le haïr davantage.

235 LISETTE – Son valet qui fait l'important ne vous aurait-il point gâté l'esprit sur son compte ?

SILVIA – Hum, la sotte ! son valet a bien affaire ici !

LISETTE – C'est que je me méfie de lui, car il est raisonneur.

SILVIA – Finissez vos portraits, on n'en a que faire ; j'ai soin que
240 ce valet me parle peu, et dans le peu qu'il m'a dit, il ne m'a jamais rien dit que de très sage.

LISETTE – Je crois qu'il est homme à vous avoir conté des histoires maladroites, pour faire briller son bel esprit.

SILVIA – Mon déguisement ne m'expose-t-il pas à m'entendre
245 dire de jolies choses ? À qui en avez-vous ? D'où vous vient la manie d'imputer à ce garçon une répugnance à laquelle il n'a point de part ? Car enfin, vous m'obligez à le justifier ; il n'est pas question de le brouiller avec son maître, ni d'en faire un fourbe, pour me faire, moi, une imbécile[1] qui écoute ses
250 histoires.

LISETTE – Oh, Madame, dès que[2] vous le défendez sur ce ton-là, et que cela va jusqu'à vous fâcher, je n'ai plus rien à dire.

SILVIA – Dès que je le défends sur ce ton-là ! Qu'est-ce que c'est que le ton dont vous dites cela vous-même ? Qu'entendez-
255 vous par ce discours ? Que se passe-t-il dans votre esprit ?

*notes*

| **1. imbécile :** au sens fort de « faible d'esprit ». | **2. dès que :** puisque.

LISETTE – Je dis, Madame, que je ne vous ai jamais vue comme vous êtes, et que je ne conçois rien à votre aigreur. Eh bien ! si ce valet n'a rien dit, à la bonne heure ; il ne faut pas vous emporter pour le justifier ; je vous crois, voilà qui est fini ; je ne m'oppose pas à la bonne opinion que vous en avez, moi.

SILVIA – Voyez-vous le mauvais esprit ! comme elle tourne les choses ! Je me sens dans une indignation… qui… va jusqu'aux larmes.

LISETTE – En quoi donc, Madame ? Quelle finesse entendez-vous à ce que je dis ?[1]

SILVIA – Moi, j'y entends finesse ! moi, je vous querelle pour lui ! j'ai bonne opinion de lui ! Vous me manquez de respect jusque-là ! Bonne opinion, juste ciel ! bonne opinion ! Que faut-il que je réponde à cela ? Qu'est-ce que cela veut dire ? à qui parlez-vous ? Qui est-ce qui est à l'abri de ce qui m'arrive ? où en sommes-nous ?

LISETTE – Je n'en sais rien, mais je ne reviendrai de longtemps de la surprise où vous me jetez.

SILVIA – Elle a des façons de parler qui me mettent hors de moi. Retirez-vous ; vous m'êtes insupportable, laissez-moi ; je prendrai d'autres mesures.

## Scène VIII       SILVIA, *seule*

SILVIA – Je frissonne encore de ce que je lui ai entendu dire. Avec quelle impudence les domestiques ne nous traitent-ils pas dans leur esprit ! Comme ces gens-là vous dégradent ! Je ne saurais

note
........................................................................................

1. **Quelle finesse entendez-vous à ce que je dis ?** : quelle malice voyez-vous dans ce que je dis ?

280 m'en remettre ; je n'oserais songer aux termes dont elle s'est servie, ils me font toujours peur. Il s'agit d'un valet ; ah l'étrange chose ! Écartons l'idée dont cette insolente est venue me noircir l'imagination. Voici Bourguignon, voilà cet objet en question pour lequel[1] je m'emporte ; mais ce n'est pas sa faute,
285 le pauvre garçon, et je ne dois pas m'en prendre à lui.

## Scène IX DORANTE, SILVIA

DORANTE – Lisette, quelque éloignement que tu aies pour moi, je suis forcé de te parler ; je crois que j'ai à me plaindre de toi.

SILVIA – Bourguignon, ne nous tutoyons plus, je t'en prie.

DORANTE – Comme tu voudras.

290 SILVIA – Tu n'en fais pourtant rien.

DORANTE – Ni toi non plus ; tu me dis : *je t'en prie.*

SILVIA – C'est que cela m'a échappé.

DORANTE – Eh bien ! crois-moi, parlons comme nous pourrons ; ce n'est pas la peine de nous gêner pour le peu de temps
295 que nous avons à nous voir.

SILVIA – Est-ce que ton maître s'en va ? Il n'y aurait pas grande perte.

DORANTE – Ni à moi non plus[2], n'est-il pas vrai ? J'achève ta pensée.

300 SILVIA – Je l'achèverais bien moi-même si j'en avais envie ; mais je ne songe pas à toi.

DORANTE – Et moi, je ne te perds point de vue.

*passage analysé*

**notes**......................................................................

**1. cet objet en question pour lequel :** celui précisément pour qui. Le mot *objet* n'est pas dépréciatif.

**2. Ni à moi non plus :** il n'y aurait pas grande perte non plus si je partais.

SILVIA – Tiens, Bourguignon, une bonne fois pour toutes, demeure, va-t'en, reviens, tout cela doit m'être indifférent, et me l'est en effet[1] ; je ne te veux ni bien ni mal ; je ne te hais, ni ne t'aime, ni ne t'aimerai, à moins que l'esprit ne me tourne[2]. Voilà mes dispositions[3] ; ma raison ne m'en permet point d'autres, et je devrais me dispenser de te le dire.

DORANTE – Mon malheur est inconcevable. Tu m'ôtes peut-être tout le repos de ma vie.

SILVIA – Quelle fantaisie[4] il s'est allé mettre dans l'esprit ! Il me fait de la peine. Reviens à toi. Tu me parles, je te réponds, c'est beaucoup, c'est trop même ; tu peux m'en croire, et si tu étais instruit, en vérité, tu serais content de moi, tu me trouverais d'une bonté sans exemple, d'une bonté que je blâmerais dans une autre. Je ne me la reproche pourtant pas ; le fond de mon cœur me rassure, ce que je fais est louable. C'est par générosité que je te parle ; mais il ne faut pas que cela dure, ces générosités-là ne sont bonnes qu'en passant, et je ne suis pas faite pour[5] me rassurer toujours sur l'innocence de mes intentions[6] ; à la fin, cela ne ressemblerait plus à rien. Ainsi finissons, Bourguignon ; finissons je t'en prie. Qu'est-ce que cela signifie ? c'est se moquer, allons, qu'il n'en soit plus parlé.

DORANTE – Ah, ma chère Lisette, que je souffre !

SILVIA – Venons à ce que tu voulais me dire. Tu te plaignais de moi quand tu es entré ; de quoi était-il question ?

DORANTE – De rien, d'une bagatelle ; j'avais envie de te voir et je crois que je n'ai pris qu'un prétexte.

SILVIA, *à part.* – Que dire à cela ? Quand je m'en fâcherais, il[7] n'en serait ni plus ni moins.

---

**notes**

1. **en effet :** effectivement, réellement.
2. **l'esprit ne me tourne :** je ne perde la raison.
3. **mes dispositions :** mon état d'esprit, mes sentiments.
4. **fantaisie :** idée fausse, imaginaire.
5. **faite pour :** de nature à.
6. **sur l'innocence de mes intentions :** en me disant que mes intentions sont innocentes.
7. **il :** cela.

DORANTE – Ta maîtresse en partant a paru m'accuser de t'avoir parlé au désavantage de son maître.

LISETTE – Elle se l'imagine, et si elle t'en parle encore, tu peux nier hardiment, je me charge du reste.

335 DORANTE – Eh, ce n'est pas cela qui m'occupe !

SILVIA – Si tu n'as que cela à me dire, nous n'avons plus que faire ensemble.

DORANTE – Laisse-moi du moins le plaisir de te voir.

SILVIA – Le beau motif qu'il me fournit là ! J'amuserai la passion
340 de Bourguignon ![1] Le souvenir de tout ceci me fera bien rire un jour.

DORANTE – Tu me railles, tu as raison ; je ne sais ce que je dis, ni ce que je te demande. Adieu.

SILVIA – Adieu ; tu prends le bon parti… Mais, à propos de tes
345 adieux, il me reste encore une chose à savoir : vous partez, m'as-tu dit, cela est-il sérieux ?

DORANTE – Pour moi, il faut que je parte, ou que la tête me tourne.

SILVIA – Je ne t'arrêtais pas pour[2] cette réponse-là, par exemple.

350 DORANTE – Et je n'ai fait qu'une faute, c'est de n'être pas parti dès que je t'ai vue.

SILVIA, *à part.* – J'ai besoin à tout moment d'oublier que je l'écoute.

DORANTE – Si tu savais, Lisette, l'état où[3] je me trouve…

355 SILVIA – Oh, il n'est pas si curieux à savoir que le mien, je t'en assure.

DORANTE – Que peux-tu me reprocher ? Je ne me propose pas de te rendre sensible.

*passage analysé*

notes

| **1. J'amuserai la passion de Bourguignon !** : j'entretiendrai Bourguignon dans de vaines espérances ! | **2. pour** : pour avoir. **3. où** : dans lequel. |

SILVIA, *à part.* – Il ne faudrait pas s'y fier.

360 DORANTE – Et que pourrais-je espérer en tâchant de me faire aimer ? hélas ! quand même j'aurais ton cœur…

SILVIA – Que le ciel m'en préserve ! quand tu l'aurais, tu ne le saurais pas, et je ferais si bien que je ne le saurais pas moi-même. Tenez, quelle idée il lui vient là !

365 DORANTE – Il est donc bien vrai que tu ne me hais ni ne m'aimes, ni ne m'aimeras ?

SILVIA – Sans difficulté[1].

DORANTE – Sans difficulté ! Qu'ai-je donc de si affreux ?

SILVIA – Rien ; ce n'est pas là ce qui te nuit.

370 DORANTE – Eh bien, chère Lisette, dis-le moi cent fois, que tu ne m'aimeras point.

SILVIA – Oh, je te l'ai assez dit, tâche de me croire.

DORANTE – Il faut que je le croie ! Désespère une passion dangereuse, sauve-moi des effets[2] que j'en crains ; tu ne me hais, ni ne m'aimes, ni ne m'aimeras ! accable mon cœur de cette certitude-là. J'agis de bonne foi, donne-moi du secours contre moi-même, il m'est nécessaire, je te le demande à genoux. *(Il se jette à genoux. Dans ce moment, M. Orgon et Mario entrent et ne disent mot.)*

**suite, p. 114**

---

notes

| **1. Sans difficulté :** sans aucun doute. | **2. effets :** conséquences, suites.

Silvia et Dorante ne se sont pas vus depuis la scène 7 de l'acte I ; pourtant leur relation a considérablement progressé. Le discours galant de Bourguignon-Dorante est devenu pleinement sincère. Silvia s'en rend compte et, pour y répondre, s'invente un sentiment de compassion.

Quand le personnage fait appel à sa raison, qu'il tente de se placer en simple observateur, il en vient à commenter la scène pendant qu'elle se déroule, telle une expérience scientifique. Mais Silvia est trop impliquée pour conserver cette froideur ; elle ne peut que noter, au cours de cette scène 9, un ensemble d'observations, de symptômes qu'elle n'arrive pas à analyser.

Les deux personnages sentent que le simple émerveillement devant la situation a cédé la place à un sentiment nouveau, qu'ils s'efforcent de qualifier par défaut : « Je ne te hais pas, je ne t'aime pas : alors qu'éprouvé-je ? »

Tout à leur trouble, Silvia et Dorante se réfugient dans les apartés\* ou dans les paroles à double sens, au grand plaisir du spectateur qui a toujours une longueur d'avance. La conclusion de la scène ne peut être que physique : Dorante, prêt à l'aveu, se jette aux pieds de Silvia. Orgon, prudemment, interrompt l'expérience.

## La confrontation

Il est rare que deux jeunes gens puissent impunément passer autant de temps seuls en tête à tête. Il leur faut d'abord trouver des prétextes pour se voir, puis pour rester ensemble : il semble qu'aucun des deux « domestiques » n'ait beaucoup de devoirs liés à sa charge ! Aussi l'espace théâtral devient-il un lieu à la fois de cachette et de confrontation. Silvia, sur le plateau, décrit l'hésitation de Dorante et passe de la 3e personne à la 1re :

\* Cf. Lexique.

«*Il me fait de la peine. Reviens à toi.*» Plus tôt, elle s'était effor-cée de s'intéresser au sort d'un personnage absent du plateau: le faux Dorante. Ces tentatives d'éviter la confrontation avec l'autre aboutissent à deux attitudes opposées: pour Dorante, la volonté d'aller vers la vérité et la sincérité; pour Silvia, au contraire, une dissimulation plus grande encore.

Dans un système où le langage est associé au mensonge, le jeu de Dorante devient plus physique: faux départs, agenouille-ments. À l'inverse, Silvia parle longuement, donnant au langage la fonction d'analyser le langage, sans en deviner l'impasse.

............................ **La tentation de cesser le jeu** ............................

❶ Pourquoi Silvia demande-t-elle à revenir au vouvoiement?
❷ Quels mouvements d'acteurs imaginez-vous dans cette scène?
❸ Comment Silvia détourne-t-elle l'affrontement?

............................ **Partira, partira pas?** ............................

❹ Comment Silvia brise-t-elle le rythme de la scène? Maîtrise-t-elle la situation?
❺ Montrez comment Silvia ne se tient pas parole à elle-même sur sa volonté d'achever la scène.
❻ Relevez dans le discours de Dorante les marques d'une perte de contrôle.

## Sincérité et calculs

Dans le théâtre de Marivaux, l'irruption de la sincérité provoque souvent le chaos. Parmi tous les mensonges que les personnages se font entre eux et à eux-mêmes, la vérité ressort, avec violence: elle est immédiatement perçue comme vérité. Ainsi, Dorante avoue avoir saisi un prétexte pour revoir Silvia; cet aveu si sincère s'oppose autant à la politesse des convenances qu'au système de déguisements qui régit la pièce depuis son entrée. Tout personnage de théâtre entre en scène avec un ensemble de moti-vations: accomplir une action, rencontrer quelqu'un, s'opposer à un événement en cours… Ces motivations sont soit déclarées, soit masquées, soit inconscientes ; elles s'accompagnent parfois de stratégie, comme pour Tartuffe ou Dom Juan : la dissimulation de l'objectif peut être un calcul nécessaire. Le thème de la sincérité, et de son contrepoint – l'hypocrisie –, relie fortement Molière à Marivaux. Chez ce dernier, la recherche de la sincérité devient un vrai combat et sa définition très relative : la vérité n'a qu'un temps ; les sentiments évoluent constamment. La raison, reine chez Molière, est souvent impuissante chez Marivaux.

Le parallèle se fait tout naturellement avec le théâtre lui-même, lieu où l'illusion est construite à la fois sur la sincérité (l'émotion) et le calcul (le dispositif et ses codes). Il ne reste rien, après coup, de la représentation, sinon le souvenir ; de même, les personnages marivaudiens scrutent dans leur mémoire l'instant qu'ils viennent de vivre, pour en revivre l'émotion. Le parallèle ne s'arrête pas là. L'expérience scientifique étant par essence reproductible, Marivaux propose un problème théâtral également reproductible, comme pour nous dire : placés dans cette situation, deux jeunes gens connaîtront inévitablement le sort de Dorante et Silvia.

........................................ **Calculs** ........................................

❼ Relevez dans les répliques de Silvia les expressions qui révèlent son orgueil à bien jouer son rôle.

❽ Comment Dorante essaie-t-il d'indiquer à Silvia qu'il existe un obstacle matériel à leur union ? S'y prend-il de façon cohérente ? (Scène 10.)

........................................ **Sincérité** ........................................

❾ Quels aveux Dorante pourrait-il lire dans le comportement de Silvia ?

# Science et littérature

## Lectures croisées et travaux d'écriture

Au XVIIIe siècle, la culture scientifique fait partie de la bonne éducation. La science, avec les découvertes de Newton, est en pleine explosion. Aux considérables progrès théoriques du XVIIe siècle succède une période de mise en pratique des découvertes. Les ouvrages sur l'agriculture, la médecine, la mécanique, la chimie abondent et échappent au seul cercle universitaire. Ce mouvement atteindra son apogée avec la parution de *L'Encyclopédie* que dirigent Diderot et d'Alembert.

La science entre dans les salons. Les savants viennent présenter des expériences de chimie sur des paillasses improvisées ; les phénomènes électriques naturels, le magnétisme excitent les esprits.

Cette mode atteint la littérature. Si des auteurs comme Diderot en viennent à écrire des traités sur la chirurgie de l'œil, d'autres, d'esprit moins rigoureusement scientifique, s'inspirent du procédé d'expérimentation dans des équivalents littéraires.

Dans une de ses premières pièces, *La Double Inconstance*, Marivaux procède à l'immersion de deux « corps étrangers », au sens chimique du terme, dans un milieu hostile : Arlequin et Silvia à la cour du Prince. Comme dans le *Jeu de l'amour et du hasard*, l'intrigue devient un « problème », une expérience dont on observe le développement. Le parallèle entre les attirances/répulsions des corps chimiques et les attirances/répulsions des cœurs humains est au centre du roman de Goethe *Les Affinités électives*.

La littérature va dès lors entretenir des rapports étroits avec le monde scientifique : science et littérature prétendent, chacune à sa manière, proposer une interprétation complète du monde.

**Texte A : Scène 9 de l'acte II du *Jeu de l'amour et du hasard*
de Marivaux (pp. 101 à 104)**

**Texte B : Diderot, *Lettre sur les aveugles à l'usage de ceux qui voient***
*Le philosophe Denis Diderot a poussé très loin la curiosité scientifique, s'in-
téressant à la chirurgie de l'œil et aux mécanismes du système nerveux. Dans
sa Lettre sur les aveugles à l'usage de ceux qui voient, il décrit sa rencontre
avec un aveugle-né et s'interroge sur la réalité de nos perceptions.*

Je lui demandai ce qu'il entendait par un miroir : « Une machine, me
répondit-il, qui met les choses en relief loin d'elles-mêmes, si elles se trouvent placées convenablement par rapport à elle. C'est comme ma main,
qu'il ne faut pas que je pose à côté d'un objet pour le sentir. » Descartes,
aveugle-né, aurait dû, ce me semble, s'applaudir d'une pareille définition. En effet, considérez, je vous prie, la finesse avec laquelle il a fallu
combiner certaines idées pour y parvenir. Notre aveugle n'a de connaissance des objets que par le toucher. Il sait, sur le rapport des autres
hommes, que par le moyen de la vue on connaît les objets, comme ils lui
sont connus par le toucher ; du moins, c'est la seule notion qu'il s'en puisse
former. Il sait, de plus, qu'on ne peut voir son propre visage, quoiqu'on
puisse le toucher. La vue, doit-il conclure, est donc une espèce de toucher
qui ne s'étend que sur les objets différents de notre visage, et éloignés
de nous. D'ailleurs, le toucher ne lui donne l'idée que du relief. Donc,
ajoute-t-il, un miroir est une machine qui nous met en relief hors de nous-
mêmes. Combien de philosophes renommés ont employé moins de subtilités, pour arriver à des notions aussi fausses ! mais combien un miroir
doit-il être surprenant pour notre aveugle !

Denis Diderot, Lettre sur les aveugles à l'usage de ceux qui voient, 1749.

**Texte C : Goethe, *Les Affinités électives***
*Dans le langage scientifique de l'époque, les « affinités électives » décrivent
la tendance qu'ont certains éléments chimiques à s'apparier[1] prioritaire-
ment. Dans ce roman, Goethe décrit la rencontre de deux couples mal assor-
tis, qui vont très exactement suivre le schéma expliqué ci-après par le
Capitaine, chimiste amateur.*

« Imaginez entre A et B une union si intime que de nombreuses tentatives et maintes violences ne réussissent pas à les séparer ; imaginez C
pareillement lié à D ; mettez les deux couples en présence : A se portera
vers D, C vers B, sans qu'on puisse dire qui a quitté l'autre le premier, qui
s'est uni à l'autre le premier. »
« Eh bien ! » intervint Édouard, « en attendant de voir tout cela de nos
yeux, nous considérerons cette formule comme un langage figuré et nous

en tirerons un enseignement pour notre usage immédiat. Toi, Charlotte, tu représentes A, et moi, je suis ton B, car en fait je ne dépends que de toi, et je te suis comme B suit A. Le C est de toute évidence le Capitaine, qui cette fois me dérobe en quelque sorte à toi. Dès lors, il est juste, pour que tu ne sois pas condamnée à fuir dans l'indéterminé, qu'on te procure un D, et c'est, sans aucun doute, l'aimable petite demoiselle Odile, à la venue de laquelle tu ne dois pas t'opposer plus longtemps. »

« Soit, » répondit Charlotte, « bien que, me semble-t-il, cet exemple ne s'applique pas entièrement à notre cas, je suis heureuse de constater que nous sommes aujourd'hui entièrement d'accord et que ces affinités naturelles et électives hâtent entre nous un échange de vues plus confiant. »

Goethe, *Les Affinités électives*, chapitre IV, 1809, trad. de J.-F. Angelloz, Aubier, 1968.

1. **s'apparier** : former une paire, un couple.

## Texte D : Jorge Luis Borges, *L'Écriture du Dieu*

*L'œuvre de l'écrivain argentin Jorge Luis Borges comprend des préfaces, des poèmes, et surtout des contes, d'une logique et d'une froideur implacables.*

La prison est profonde. Elle est en pierre. Sa forme est celle d'une demi-sphère presque parfaite ; le sol, qui est aussi en pierre, l'arrête un peu avant le plus grand cercle, ce qui accentue de quelque manière les sentiments d'oppression et d'espace. Un mur la coupe en son milieu. Il est très haut, mais n'atteint pas la partie supérieure de la coupole. D'un côté, il y a moi, Tzinacàn, mage de la pyramide de Qaholom, qui fut incendiée par Pedro de Alvarado ; de l'autre, il y a un jaguar qui mesure à pas égaux et invisibles le temps et l'espace de sa cellule. Au ras du sol, une large fenêtre munie de barreaux s'ouvre dans le mur central. À l'heure sans ombre (midi), on ouvre une trappe dans le haut et un geôlier, que les années ont petit à petit effacé, manœuvre une poulie de fer et nous descend à l'extrémité d'un câble des cruches d'eau et des morceaux de viande. La lumière pénètre alors dans l'oubliette ; c'est le moment où je peux voir le jaguar.

Jorge Luis Borges, *L'Écriture du Dieu*, in *L'Aleph*, 1962,
trad. de Roger Caillois et René-L.-F. Durand, coll. « L'Imaginaire », Gallimard, 1967.

## Texte E : Georges Perec, *La Vie mode d'emploi*

*Amateur de procédés complexes, sinon absurdes, Perec fut un grand architecte de romans-fleuves et de romans-énigmes. Ainsi, dans* La Disparition, *la lettre « e » n'est pas employée, sauf... dans le nom de l'auteur.*

**La Vie mode d'emploi** *décrit les appartements et les habitants d'un immeuble, comme autant de pièces de puzzle aux connexions inconnues. L'extrait présenté ici est à la fois une introduction au livre (un des personnages fabrique réellement des puzzles) et une clef de lecture du roman tout entier. Il est aussi, comme le livre, une parabole sur la littérature.*

Au départ, l'art du puzzle semble un art bref, un art mince, tout entier contenu dans un maigre enseignement de la Gestalttheorie[1] : l'objet visé – qu'il s'agisse d'un acte perceptif, d'un apprentissage, d'un système physiologique ou, dans le cas qui nous occupe, d'un puzzle de bois – n'est pas une somme d'éléments qu'il faudrait d'abord isoler et analyser, mais un ensemble, c'est-à-dire une forme, une structure : l'élément ne préexiste pas à l'ensemble, il n'est ni plus immédiat ni plus ancien, ce ne sont pas les éléments qui déterminent l'ensemble, mais l'ensemble qui détermine les éléments : la connaissance du tout et de ses lois, de l'ensemble et de sa structure, ne saurait être déduite de la connaissance séparée des parties qui le composent : cela veut dire qu'on peut regarder une pièce d'un puzzle pendant trois jours et croire tout savoir de sa configuration et de sa couleur sans avoir le moins du monde avancé : seule compte la possibilité de relier cette pièce à d'autres pièces, et en ce sens il y a quelque chose de commun entre l'art du puzzle et l'art du go ; seule les pièces rassemblées prendront un caractère lisible, prendront un sens : considérée isolément une pièce d'un puzzle ne veut rien dire ; elle est seulement question impossible, défi opaque ; mais à peine a-t-on réussi, au terme de plusieurs minutes d'essais et d'erreurs, ou en une demi-seconde prodigieusement inspirée, à la connecter à l'une de ses voisines, que la pièce disparaît, cesse d'exister en tant que pièce : l'intense difficulté qui a précédé ce rapprochement, et que le mot *puzzle* – énigme – désigne si bien en anglais, non seulement n'a plus de raison d'être, mais semble n'en avoir jamais eu, tant elle est devenue évidence : les deux pièces miraculeusement réunies n'en font plus qu'une, à son tour source d'erreur, d'hésitation, de désarroi et d'attente.

Le rôle du faiseur de puzzle est difficile à définir.

Georges Perec, La Vie mode d'emploi, Hachette, 1978.

**1. Gestalttheorie** : en allemand, théorie des formes, des contours.

**Document F: *Le Vidame Bergeat faisant une expérience de physique*
(anonyme rémois, fin XVIIIe siècle)**

---

### Corpus

**Texte A:** Scène 9 de l'acte II du *Jeu de l'amour et du hasard* de Marivaux
(pp. 101 à 104).
**Texte B:** Extrait de la *Lettre sur les aveugles à l'usage de ceux qui voient*
de Denis Diderot (p. 109).
**Texte C:** Extrait des *Affinités électives* de Goethe (pp. 109-110).
**Texte D:** Extrait de *L'Écriture du Dieu* de Jorge Luis Borges (p. 110).
**Texte E:** Extrait de *La Vie mode d'emploi* de Georges Perec (p. 111).
**Document F:** *Le Vidame Bergeat faisant une expérience de physique*
(p. 112).

# Examen des textes

**❶** Comment Diderot passe-t-il de l'observation à la théorie (texte B) ?

**❷** Comment Diderot et Goethe font-ils intervenir les personnages pour morceler le discours (textes B et C) ?

**❸** Le document F vous paraît-il illustrer les textes B et C ? Justifiez votre réponse.

**❹** Quelles ressemblances voyez-vous entre les textes C et D ?

**❺** Quelles sont les différentes étapes de la description dans le texte D ?

**❻** Quel est le rôle des procédés accumulatifs* et répétitifs* dans le texte E ?

**❼** Comparez les rythmes des textes D et E.

# Travaux d'écriture

## Question préliminaire

Pour chaque texte du corpus, étudiez l'influence de l'esprit scientifique du temps.

## Commentaire

Vous ferez le commentaire de l'extrait de *La Vie mode d'emploi* de Georges Perec (texte E).

## Dissertation

Une œuvre littéraire doit-elle demeurer une énigme ? Vous vous appuierez sur les textes du corpus et sur vos lectures personnelles pour présenter vos réponses.

## Écriture d'invention

Décrivez, avec la froideur d'un observateur scientifique, un événement dans lequel vous avez joué un rôle notable.

\* *Cf.* Lexique.

# Scène X

MONSIEUR ORGON, MARIO, SILVIA, DORANTE

380 SILVIA, *à part*. – Ah, nous y voilà il ne manquait plus que cette façon-là[1] à mon aventure. Que je suis malheureuse ! c'est ma facilité[2] qui le place là. (*Haut.*) Lève-toi donc, Bourguignon, je t'en conjure ; il peut venir quelqu'un. Je dirai ce qu'il te plaira, que me veux-tu ? je ne te hais point, lève-toi, je t'aimerais si je

385 pouvais ; tu ne me déplais point, cela doit te suffire.

DORANTE – Quoi ! Lisette, si je n'étais pas ce que je suis, si j'étais riche, d'une condition honnête[3], et que je t'aimasse autant que je t'aime, ton cœur n'aurait point de répugnance pour moi ?

SILVIA – Assurément.

390 DORANTE – Tu ne me haïrais pas, tu me souffrirais ?

SILVIA – Volontiers, mais lève-toi.

DORANTE – Tu parais le dire sérieusement ; et si cela est, ma raison est perdue.

SILVIA – Je dis ce que tu veux, et tu ne te lèves point.

395 MONSIEUR ORGON, *s'approchant*. – C'est bien dommage de vous interrompre ; cela va à merveille, mes enfants ; courage !

SILVIA – Je ne saurais empêcher ce garçon de se mettre à genoux, Monsieur. Je ne suis pas en état de lui en imposer, je pense.

400 MONSIEUR ORGON – Vous vous convenez parfaitement bien tous deux ; mais j'ai à te dire un mot, Lisette, et vous reprendrez votre conversation quand nous serons partis. Vous le voulez bien, Bourguignon ?

notes
...........................................................................

| **1. cette façon-là** : cette action, cette manière d'agir. | **2. facilité** : complaisance. |
| | **3. honnête** : honorable. |

DORANTE – Je me retire, Monsieur.

405 MONSIEUR ORGON – Allez, et tâchez de parler de votre maître avec un peu plus de ménagement que vous ne faites.

DORANTE – Moi, Monsieur ?

MARIO – Vous-même, mons[1] Bourguignon ; vous ne brillez pas trop dans le respect que vous avez pour votre maître, dit-on.

410 DORANTE – Je ne sais ce qu'on veut dire.

MONSIEUR ORGON – Adieu, adieu, vous vous justifierez une autre fois.

## Scène XI    SILVIA, MARIO, MONSIEUR ORGON

MONSIEUR ORGON – Eh bien, Silvia, vous ne nous regardez pas, vous avez l'air tout embarrassé.

415 SILVIA – Moi, mon père ! et où serait le motif de mon embarras ? Je suis, grâce au ciel, comme à mon ordinaire ; je suis fâchée de vous dire que c'est une idée.

MARIO – Il y a quelque chose, ma sœur, il y a quelque chose.

SILVIA – Quelque chose dans votre tête, à la bonne heure, mon
420 frère ; mais, pour dans[2] la mienne, il n'y a que l'étonnement de ce que vous dites.

MONSIEUR ORGON – C'est donc ce garçon qui vient de sortir qui t'inspire cette extrême antipathie que tu as pour son maître ?

425 SILVIA – Qui ? le domestique de Dorante ?

MONSIEUR ORGON – Oui, le galant[3] Bourguignon.

*passage analysé*

---

notes

**1. mons :** terme familier et condescendant pour « monsieur ».
**2. pour dans :** pour ce qui est dans.

**3. galant :** le sens de cet adjectif est double : « qui a de bonnes manières » et « empressé auprès des femmes ».

SILVIA – Le galant Bourguignon, dont je ne savais pas l'épithète, ne me parle pas de lui.

MONSIEUR ORGON – Cependant, on prétend que c'est lui qui
430 le détruit[1] auprès de toi, et c'est sur quoi j'étais bien aise de te parler.

SILVIA – Ce n'est pas la peine, mon père, et personne au monde que son maître ne m'a donné l'aversion naturelle que j'ai pour lui.

435 MARIO – Ma foi, tu as beau dire, ma sœur ; elle est trop forte pour être si naturelle, et quelqu'un y a aidé.

SILVIA, *avec vivacité*. – Avec quel air mystérieux vous me dites cela, mon frère ! Et qui est donc ce quelqu'un qui y a aidé ? Voyons.

440 MARIO – Dans quelle humeur es-tu, ma sœur ? Comme tu t'emportes !

SILVIA – C'est que je suis bien lasse de mon personnage, et je me serais déjà démasquée si je n'avais pas craint de fâcher mon père.

445 MONSIEUR ORGON – Gardez-vous en bien, ma fille ; je viens ici pour vous le recommander. Puisque j'ai eu la complaisance de vous permettre votre déguisement, il faut, s'il vous plaît, que vous ayez celle de suspendre votre jugement sur Dorante, et de voir si l'aversion qu'on vous a donnée pour lui est légitime.

450 SILVIA – Vous ne m'écoutez donc point, mon père ? Je vous dis qu'on ne me l'a point donnée.

MARIO – Quoi ! ce babillard qui vient de sortir ne t'a pas un peu dégoûtée de lui ?

SILVIA, *avec feu*. – Que vos discours sont désobligeants ! M'a
455 dégoûtée de lui, dégoûtée ! J'essuie des expressions bien

*note*..................................

| **1. détruit** : discrédite.

étranges ; je n'entends plus que des choses inouïes, qu'un langage inconcevable ; j'ai l'air embarrassé, il y a quelque chose ;
et puis c'est le galant Bourguignon qui m'a dégoûtée. C'est
tout ce qui vous plaira, mais je n'y entends rien.

460 MARIO – Pour le coup, c'est toi qui es étrange. À qui en as-tu
donc ? D'où vient que tu es si fort sur le qui-vive, dans quelle
idée nous soupçonnes-tu ?

SILVIA – Courage, mon frère ! Par quelle fatalité aujourd'hui ne
pouvez-vous me dire un mot qui ne me choque ? Quel soup-
465 çon voulez-vous qui me vienne ? Avez-vous des visions ?

MONSIEUR ORGON – Il est vrai que tu es si agitée que je ne te
reconnais point non plus. Ce sont apparemment ces mouvements-là[1] qui sont cause que Lisette nous a parlé comme elle a
fait. Elle accusait ce valet de ne t'avoir pas entretenue à l'avan-
470 tage de son maître, et « Madame, nous a-t-elle dit, l'a défendu
contre moi avec tant de colère, que j'en suis encore toute surprise », et c'est sur ce mot de surprise que nous l'avons querel-
lée ; mais ces gens-là ne savent pas la conséquence[2] d'un mot.

SILVIA – L'impertinente[3] ! y a-t-il rien de plus haïssable que
475 cette fille-là ? J'avoue que je me suis fâchée par un esprit de
justice pour ce garçon.

MARIO – Je ne vois pas de mal à cela.

SILVIA – Y a-t-il rien de plus simple ? Quoi ! parce que je suis
équitable, que je veux qu'on ne nuise à personne, que je veux
480 sauver un domestique du tort qu'on peut lui faire auprès de
son maître, on dit que j'ai des emportements[4], des fureurs[5]
dont on est surprise ! Un moment après, un mauvais esprit

noteſ

1. **ces mouvements-là** : cette agitation.
2. **la conséquence** : l'importance.
3. **impertinente** : personne qui manque de discrétion ou de jugement.
4. **emportements** : accès de colère.
5. **fureurs** : accès de folie.

raisonne ; il faut se fâcher, il faut la[1] faire taire, et prendre mon parti contre elle à cause de la conséquence de ce qu'elle dit ?

485 Mon parti ! J'ai donc besoin qu'on me défende, qu'on me justifie ? On peut donc mal interpréter ce que je fais ? Mais que fais-je ? de quoi m'accuse-t-on ? Instruisez-moi, je vous en conjure ; cela est-il sérieux. Me joue-t-on, se moque-t-on de moi ? Je ne suis pas tranquille.

490 MONSIEUR ORGON – Doucement, donc.

SILVIA – Non, Monsieur, il n'y a point de douceur qui tienne. Comment donc ! des surprises, des conséquences ! Eh ! qu'on s'explique ! que veut-on dire ? On accuse ce valet et on a tort ; vous vous trompez tous, Lisette est une folle, il est innocent, et

495 voilà qui est fini. Pourquoi donc m'en reparler encore ? Car je suis outrée !

MONSIEUR ORGON – Tu te retiens, ma fille, tu aurais grande envie de me quereller aussi. Mais faisons mieux, il n'y a que ce valet qui est suspect ici, Dorante n'a qu'à le chasser.

500 SILVIA – Quel malheureux déguisement ! Surtout que Lisette ne m'approche pas, je la hais plus que Dorante.

MONSIEUR ORGON – Tu la verras si tu veux ; mais tu dois être charmée que ce garçon s'en aille, car il t'aime, et cela t'importune assurément.

505 SILVIA – Je n'ai point à m'en plaindre, il me prend pour une suivante, et il me parle sur ce ton-là ; mais il ne me dit pas ce qu'il veut, j'y mets bon ordre.

MARIO – Tu n'en es pas tant la maîtresse que tu le dis bien.

MONSIEUR ORGON – Ne l'avons-nous pas vu se mettre à

510 genoux malgré toi ? N'as-tu pas été obligée, pour le faire lever, de lui dire qu'il ne te déplaisait pas ?

note...................................................................

| **1. la :** Lisette.

**118**

SILVIA, *à part.* – J'étouffe.

MARIO – Encore a-t-il fallu, quand il t'a demandé si tu l'aimerais, que tu aies tendrement ajouté : volontiers, sans quoi il y
serait encore.

SILVIA – L'heureuse apostille[1], mon frère ! mais comme[2] l'action
m'a déplu, la répétition[3] n'en est pas aimable. Ah çà, parlons
sérieusement, quand finira la comédie que vous donnez sur
mon compte ?

MONSIEUR ORGON – La seule chose que j'exige de toi, ma fille,
c'est de ne te déterminer à le refuser qu'avec connaissance de
cause : attends encore, tu me remercieras du délai que je
demande, je t'en réponds.

MARIO – Tu épouseras Dorante, et même avec inclination[4], je te
le prédis… Mais, mon père, je vous demande grâce pour le
valet.

SILVIA – Pourquoi grâce ? et moi je veux qu'il sorte.

MONSIEUR ORGON – Son maître en décidera, allons-nous-en.

MARIO – Adieu, adieu, ma sœur, sans rancune.

**suite, p. 131**

**notes**

1. **apostille :** annotation en marge ou au bas d'un texte.
2. **comme :** de même que.
3. **la répétition :** le fait de rappeler un événement.
4. **avec inclination :** par amour.

*passage analysé*

# L'indignation de Silvia

Lecture analytique de la scène 11 de l'acte II, pp. 115 à 119.

Silvia retrouve son père et son frère, qu'elle n'avait pas vus depuis l'arrivée de Dorante-Bourguignon à l'acte I. Les hommes souhaitent dresser le bilan des effets du travestissement de Silvia, mais, de toute évidence, elle n'est pas prête pour ce constat : chaque phrase l'irrite. Orgon et surtout Mario multiplient les provocations ; ils s'amusent, bien qu'avec tendresse, de l'état d'exaspération de la jeune fille, dont ils lisent – mieux qu'elle – l'amour naissant.

Cette scène 11 est un point de non-retour pour Silvia. Entre panique et orgueil, elle ne peut répondre qu'en se querellant avec tout son entourage : « *Tu te retiens, ma fille, tu aurais grande envie de me quereller aussi* », remarque Orgon. L'indignation de Silvia est évidemment surjouée. Elle voit qu'elle atteint les limites de son rôle et demande même à son père de cesser le jeu ; à quoi Orgon a la malignité de répondre en souhaitant le départ de Bourguignon, afin d'obliger Silvia à s'avouer ce que son état a d'anormal.

Cette scène de perte de contrôle est un morceau de bravoure pour la comédienne, comme pour le personnage, qui en ressent douloureusement les excès. Il est temps que Dorante se déclare.

## Un combat d'amour-propre

Dans *Le Jeu de l'amour et du hasard*, les obstacles ne peuvent venir que des cœurs : chez Silvia, l'amour pour Bourguignon combat l'image que la noble Silvia a d'elle-même, donc son amour-propre. Se faire aimer d'un valet lui procure un plaisir qu'elle ne parvient pas à identifier ; mais aimer ce valet n'est pas digne d'elle, et elle se le répète pour s'en convaincre. L'orgueil a sa part dans le comportement de Silvia. Passée l'excitation que procure le déguisement, elle ne peut pas ignorer qu'elle demeure moins attirante en tenue de servante qu'en robe et falbalas de la jeune fille bien née. Ce qui n'est d'abord qu'une coquetterie devient, à la longue, douloureux, et c'est justement la reconnaissance en elle-même de cette douleur qui inaugure la prise de conscience. Le spectateur – comme Mario et Orgon –, qui a tout de suite reconnu le sentiment amoureux chez les deux promis, va s'intéresser à l'évolution de cette prise de conscience, qui aboutit au fameux « *Allons, j'avais grand besoin que ce fût là Dorante* » qui conclut la scène 12. Dans le combat entre amour et amour-propre, Silvia, parce qu'elle est femme, ne peut vaincre seule. Il faut l'aveu de Dorante pour la tirer de l'impasse. Dorante, lui, a le courage de reconnaître et son amour et l'impossibilité d'y céder.

........................ **L'amour-propre, poussé par l'entourage** ........................

❶ Comment Mario pousse-t-il sa sœur à prendre la défense de Bourguignon ?
❷ Quelle est l'attitude d'Orgon vis-à-vis de Silvia ? Analysez la connivence entre Mario et Orgon : comment se répartissent-ils la réplique à Silvia ?
❸ Pourquoi Mario et Orgon demandent-ils le départ de Bourguignon ?

## Quand finira la comédie ?

Dans le « format » qu'est une pièce en trois actes, la construction suit sensiblement le schéma suivant : un acte I d'exposition des enjeux ; un acte II de maturité et de résolution d'une partie de l'intrigue, à la fin duquel surgit un obstacle nouveau ; un acte III qui clôt la totalité des intrigues. Ici, la pièce pourrait fort bien s'achever à la fin de l'acte II, Silvia ayant crié grâce. Marivaux se donne la tâche de créer de toutes pièces un obstacle nouveau. Il le trouve subtilement dans le caractère même de Silvia. Ce personnage en pleine déroute psychologique à la scène 11 renaît avec l'aveu de Dorante. Cet aveu provoque deux apartés*, au cours desquels Silvia prend la décision immédiate de poursuivre

* *Cf.* Lexique.

le jeu. Il s'agit d'une véritable transformation de l'intrigue. La comédie de déguisement, basée sur le quiproquo*, glisse vers une comédie beaucoup plus cruelle. Silvia semble se venger sur Dorante des affres qu'elle vient d'éprouver. Il est à noter qu'à aucun instant la situation des vrais valets Arlequin et Lisette n'est prise en compte.

.......................................... **Le besoin de l'aveu** ..........................................

**4** À quoi voit-on que Silvia perd tout contrôle ?
**5** Quelle décision voudrait-elle qu'on prenne pour elle ?
**6** Comment Silvia défend-elle Bourguignon ?

**Silvia (Caroline Proust) face à son frère (Éric Frey) et
à son père (Guy Parisot). Mise en scène de J.-P. Vincent.**

* *Cf.* Lexique.

# La naissance de l'amour

## Lectures croisées et travaux d'écriture

D'Alembert a rapporté ces paroles de Marivaux : « *J'ai guetté dans le cœur humain toutes les niches différentes où peut se cacher l'amour lorsqu'il craint de se montrer, et chacune de mes comédies a pour objet de le faire sortir d'une de ces niches… C'est tantôt un amour ignoré des deux amants ; tantôt un amour qu'ils sentent et qu'ils veulent se cacher l'un l'autre ; tantôt enfin un amour incertain et comme indécis, un amour à demi né, dont ils se doutent sans en être bien sûrs et qu'ils épient au-dedans d'eux-mêmes avant de lui laisser prendre l'essor.* » Presque toutes les pièces de Marivaux pourraient s'intituler *La Surprise de l'amour*, parce que le sentiment amoureux surprend les personnages, qui tentent de se défendre de son approche.

Amour passion, amour coup de foudre, le thème de la naissance de l'amour est un des plus répandus dans la littérature ; ses subtilités sont infinies. L'être humain, animal raisonnable, se doit de consacrer une très grande attention aux événements qui nient sa raison. Au XVIIIe siècle, l'amour est représenté sous les traits d'un enfant inconséquent, rieur et aveugle. Il échappe à toutes les tentatives de classification.

**Texte A : Scène 11 de l'acte II du *Jeu de l'amour et du hasard* de Marivaux (pp. 115 à 119)**

**Texte B : Jean Racine, *Phèdre***
*Phèdre tombe amoureuse de son beau-fils Hippolyte au premier regard ; un coup de foudre qui résonne comme une malédiction.*

ŒNONE
Que faites-vous, Madame ? et quel mortel ennui[1]
Contre tout votre sang vous anime aujourd'hui ?

PHÈDRE
Puisque Vénus le veut, de ce sang déplorable
Je péris la dernière et la plus misérable.

**ŒNONE**
Aimez-vous ?

**PHÈDRE**
De l'amour j'ai toutes les fureurs.

**ŒNONE**
Pour qui ?

**PHÈDRE**
Tu vas ouïr le comble des horreurs.
J'aime… À ce nom fatal, je tremble, je frissonne.
J'aime…

**ŒNONE**
Qui ?

**PHÈDRE**
Tu connais ce fils de l'Amazone,
Ce prince si longtemps par moi-même opprimé ?

**ŒNONE**
Hippolyte ? Grands Dieux !

**PHÈDRE**
C'est toi qui l'as nommé.

**ŒNONE**
Juste ciel ! tout mon sang dans mes veines se glace.
Ô désespoir ! ô crime ! ô déplorable race !
Voyage infortuné ! Rivage malheureux,
Fallait-il approcher de tes bords dangereux ?

**PHÈDRE**
Mon mal vient de plus loin. À peine au fils d'Égée[2]
Sous les lois de l'hymen je m'étais engagée,
Mon repos, mon bonheur semblait être affermi,
Athènes me montra mon superbe[3] ennemi.
Je le vis, je rougis, je pâlis à sa vue ;
Un trouble s'éleva dans mon âme éperdue ;
Mes yeux ne voyaient plus, je ne pouvais parler ;
Je sentis tout mon corps et transir et brûler.
Je reconnus Vénus et ses feux redoutables,
D'un sang qu'elle poursuit tourments inévitables.
Par des vœux assidus je crus les détourner :
Je lui bâtis un temple, et pris soin de l'orner ;
De victimes moi-même à toute heure entourée,
Je cherchais dans leurs flancs ma raison égarée.

D'un incurable amour remèdes impuissants !
En vain sur les autels ma main brûlait l'encens :
Quand ma bouche implorait le nom de la déesse,
J'adorais Hippolyte ; et le voyant sans cesse,
Même aux pieds des autels que je faisais fumer,
J'offrais tout à ce Dieu que je n'osais nommer.

Jean Racine, Phèdre, scène 3 de l'acte I, 1677.

**1. ennui :** tourment. **2. fils d'Égée :** Thésée, père d'Hippolyte. **3. superbe :** fier, glorieux.

## Texte C : Marivaux, *La Surprise de l'amour*

*La Comtesse s'est juré de ne plus aimer. Elle a rencontré en Lélio un homme qui a pris la même décision. Sous le masque de l'amitié, l'attachement devient amour ; l'aveu en est difficile. Il faut une Colombine bien énergique et bien tendre pour le provoquer.*

COLOMBINE – Vous savez que M. Lélio fuit les femmes ; cela posé, examinons ce qu'il vous dit : « Vous ne m'aimez pas, madame ; j'en suis convaincu, et je vous avouerai que cette conviction m'est absolument nécessaire », c'est-à-dire : « Pour rester où vous êtes, j'ai besoin d'être certain que vous ne m'aimez pas ; sans quoi je décamperais. » C'est une pensée désobligeante, entortillée dans un tour honnête, cela me paraît assez net.

LA COMTESSE – Cette fille-là n'a jamais eu d'esprit que contre moi ! Mais, Colombine, l'air affectueux et tendre qu'il a joint à cela ?...

COLOMBINE – Cet air-là, madame, peut ne signifier encore qu'un homme honteux de dire une impertinence, qu'il adoucit le plus qu'il peut.

LA COMTESSE – Non, Colombine, cela ne se peut pas ; tu n'y étais point, tu ne lui as pas vu prononcer ces paroles-là : je t'assure qu'il les a dites d'un ton de cœur attendri. Par quel esprit de contradiction veux-tu penser autrement ? J'y étais ; je m'y connais, ou bien Lélio est le plus fourbe de tous les hommes ; et s'il ne m'aime pas, je fais vœu de détester son caractère. Oui, son honneur y est engagé : il faut qu'il m'aime, ou qu'il soit un malhonnête homme ; il aurait donc voulu me faire prendre le change ?

COLOMBINE – Il vous aimait peut-être, et je lui avais dit que vous pourriez l'aimer ; mais vous vous êtes fâchée, et j'ai détruit mon ouvrage. J'ai dit tantôt à Arlequin que vous ne songiez nullement à lui, et qu'enfin M. Lélio était l'homme du monde que vous aimeriez le moins.

LA COMTESSE – Et cela n'est pas vrai. De quoi vous mêlez-vous, Colombine ? Si M. Lélio a du penchant pour moi, de quoi vous avisez-vous d'aller mortifier un homme à qui je ne veux point de mal, que j'estime ? Il faut avoir le cœur bien dur pour donner du chagrin aux gens sans nécessité ! En vérité, vous avez juré de me désobliger.

COLOMBINE – Tenez, madame, dussiez-vous me quereller, vous aimez cet homme à qui vous ne voulez point de mal. Oui, vous l'aimez.

LA COMTESSE *d'un ton froid*. – Retirez-vous.

COLOMBINE – Je vous demande pardon.

LA COMTESSE – Retirez-vous, vous dis-je, j'aurai soin demain de vous payer et de vous renvoyer à Paris.

COLOMBINE – Madame, il n'y a que l'intention de punissable, et je fais serment que je n'ai eu nul dessein de vous fâcher ; je vous respecte et je vous aime, vous le savez.

LA COMTESSE – Colombine, je vous passe encore cette sottise-là : observez-vous bien dorénavant.

COLOMBINE *à part les premiers mots*. – Voyons la fin de cela. Je vous l'avoue, une seule chose me chagrine : c'est de m'apercevoir que vous manquez de confiance pour moi, qui ne veux savoir vos secrets que pour vous servir. De grâce, ma chère maîtresse, ne me donnez plus ce chagrin-là, récompensez mon zèle pour vous, ouvrez-moi votre cœur, vous n'en serez point fâchée. *(Elle approche de sa maîtresse et la caresse.)*

LA COMTESSE – Ah !

COLOMBINE – Eh bien ! Voilà un soupir ; c'est un commencement de franchise : achevez donc.

LA COMTESSE – Colombine !

COLOMBINE – Madame ?

LA COMTESSE – Après tout, aurais-tu raison ? Est-ce que j'aimerais ?

COLOMBINE – Je crois qu'oui ; mais d'où vient vous faire un si grand monstre de cela ? Eh bien, vous aimez, voilà qui est bien rare !

LA COMTESSE – Non, je n'aime point encore.

COLOMBINE – Vous avez l'équivalent de cela.

LA COMTESSE – Quoi ! je pourrais tomber dans ces malheureuses situations, si pleines de troubles, d'inquiétudes, de chagrin : moi, moi ! Non, Colombine, cela n'est pas fait encore ; je serais au désespoir. Quand je suis venue ici triste, tu me demandais ce que j'avais : ah ! Colombine, c'était un pressentiment du malheur qui devait m'arriver.

Marivaux, *La Surprise de l'amour*, scène 2 de l'acte III, 1722.

## Texte D : Stendhal, *De l'amour*, 1820

*De l'amour n'est pas un roman, mais un essai sur l'amour : ses causes, ses mécanismes, ses symptômes.*

### CHAPITRE II : « DE LA NAISSANCE DE L'AMOUR »

Voici ce qui se passe dans l'âme :

1° L'admiration.

2° On se dit : Quel plaisir de lui donner des baisers, d'en recevoir, etc. !

3° L'espérance.

On étudie les perfections ; c'est à ce moment qu'une femme devrait se rendre, pour le plus grand plaisir physique possible. Même chez les femmes les plus réservées, les yeux rougissent au moment de l'espérance. La passion est si forte, le plaisir si vif qu'il se trahit par des signes frappants.

4° L'amour est né.

Aimer, c'est avoir du plaisir à voir, toucher, sentir par tous les sens, et d'aussi près que possible un objet aimable et qui nous aime.

5° La première cristallisation commence.

On se plaît à orner de mille perfections une femme de l'amour de laquelle on est sûr ; on se détaille tout son bonheur avec une complaisance infinie. Cela se réduit à s'exagérer une propriété superbe, qui vient de nous tomber du ciel, que l'on ne connaît pas, et de la possession de laquelle on est assuré.

Laissez travailler la tête d'un amant pendant vingt-quatre heures, et voici ce que vous trouverez :

Aux mines de sel de Salzbourg, on jette, dans les profondeurs abandonnées de la mine, un rameau d'arbre effeuillé par l'hiver ; deux ou trois mois après on le retire couvert de cristallisations brillantes : les plus petites branches, celles qui ne sont pas plus grosses que la patte d'une mésange, sont garnies d'une infinité de diamants, mobiles et éblouissants ; on ne peut plus reconnaître le rameau primitif.

Ce que j'appelle cristallisation, c'est l'opération de l'esprit, qui tire de tout ce qui se présente la découverte que l'objet aimé a de nouvelles perfections.

Stendhal, *De l'amour*, chapitre II, 1820.

## Texte E : Jean Renoir, *La Règle du jeu*

*Dans son film* La Règle du jeu, *Jean Renoir s'est inspiré de Marivaux et de Beaumarchais pour construire un drame qui a toutes les apparences de la comédie. Bien que l'action soit contemporaine, les personnages semblent* *issus du XVIII<sup>e</sup> siècle: le Marquis et la Marquise, la suivante Lisette, Marceau le braconnier qui évoque souvent Arlequin. Les maîtres se travestissent dans le cadre d'une fête. Leurs déguisements sont sources de quiproquos\* comiques ou tragiques.*

*Dans cette scène d'introduction, qui se déroule devant sa table de maquillage, la Marquise aimerait parler de l'amitié qui la lie à un bel aviateur; mais Lisette n'est pas dupe.*

LA MARQUISE : Dis donc, Lisette, il y a combien de temps que tu es mariée ?

LISETTE : Bientôt deux ans, madame.

LA MARQUISE : Ah, c'est vrai, le temps passe. Tu es heureuse ?

LISETTE : Oh, vous savez, mon mari n'est pas très gênant. Il a son service à la Collinière, moi je suis ici à Paris… Avec vous, madame, je suis très heureuse.

LA MARQUISE : Tu as des amoureux ?

LISETTE : Oh, madame, si on peut dire…

LA MARQUISE : Mais si, mais si, tu en as. Octave, par exemple. Redonne-moi un autre rouge, tu sais, pour le soir.

LISETTE : Je ne sais pas où il est, madame.

LA MARQUISE : Tu sais très bien où il est.

*Lisette va prendre un autre rouge à lèvres sur un meuble.*

LISETTE : Je ne l'aime pas, il est trop violet. Ça ne fait pas naturel.

LA MARQUISE *(riant)* : Ah ah, celui-ci est naturel, l'autre pas. Et tes amoureux, qu'est-ce qu'ils te racontent ?

LISETTE : Pas grand-chose.

LA MARQUISE : Ils t'embrassent ?

LISETTE : Si ça me plaît.

LA MARQUISE : Ils te prennent les mains ?

LISETTE : Ça dépend.

LA MARQUISE : Et après ?

LISETTE : Après ? après c'est toujours la même histoire. Plus on leur en donne, plus ils en réclament.

*Lisette donne à la Marquise son manteau de fourrure.*

LA MARQUISE *(riant et désignant un foulard)* : Ah ah ! Donne-moi ça.

\* *Cf.* Lexique.

LISETTE : Il n'y a rien à faire. Les hommes sont comme ça.

*La Marquise va pour sortir et s'arrête brusquement. Elle se tourne vers Lisette.*

LA MARQUISE : Et l'amitié ? Qu'est-ce que tu en fais ?

LISETTE : L'amitié avec un homme ? Ah ! Autant parler de la lune en plein midi !

Jean Renoir, La Règle du jeu, 1939, scénario de Jean Renoir et Karl Koch, D.R.

**Lisette (Dominique Constanza)
et sa maîtresse Silvia (Béatrice Agenin),
mise en scène de Jean-Paul Roussillon
(Comédie-Française, 1976).**

---

### Corpus

**Texte A :** Scène 11 de l'acte II du *Jeu de l'amour et du hasard* de Marivaux (pp. 115 à 119).

**Texte B :** Extrait de la scène 3 de l'acte I de *Phèdre* de Jean Racine (pp. 123 à 125).

**Texte C :** Extrait de la scène 2 de l'acte III de *La Surprise de l'amour* de Marivaux (pp. 125-126).

**Texte D :** Extrait de *De l'amour* de Stendhal (p. 127).

**Texte E :** Scène du film *La Règle du jeu* de Jean Renoir (pp. 128-129).

---

## Examen des textes

❶ Dans le texte B, quels sont les mots issus du vocabulaire amoureux ?

❷ Étudiez la fonction du mode impératif dans le texte C.

❸ Pourquoi Stendhal parle-t-il de « *cristallisation* » dans le texte D ?

❹ En quoi le texte E évoque-t-il le style de Marivaux ?

---

## Travaux d'écriture

### Question préliminaire
Analysez, dans les textes du corpus, les rapprochements entre amour et maladie.

### Commentaire
Vous ferez le commentaire de l'extrait de *Phèdre* de Jean Racine (texte B).

### Dissertation
En vous appuyant sur les textes du corpus et sur vos lectures personnelles, analysez l'importance du thème de la naissance de l'amour dans la littérature.

### Écriture d'invention
Imaginez la suite du dialogue de *La Règle du jeu* de Jean Renoir (texte E).

# Scène XII

SILVIA, *seule*;
DORANTE, *qui vient peu après*.

530 SILVIA – Ah, que j'ai le cœur serré! Je ne sais ce qui se mêle à l'embarras où je me trouve, toute cette aventure-ci m'afflige, je me défie de tous les visages; je ne suis contente de personne, je ne le suis pas de moi-même.

DORANTE – Ah, je te cherchais, Lisette.

535 SILVIA – Ce n'était pas la peine de me trouver, car je te fuis, moi.

DORANTE, *l'empêchant de sortir*. – Arrête donc, Lisette, j'ai à te parler pour la dernière fois: il s'agit d'une chose de conséquence[1] qui regarde tes maîtres.

SILVIA – Va le dire à eux-mêmes[2]; je ne te vois jamais que tu ne 540 me chagrines; laisse-moi.

DORANTE – Je t'en offre autant: mais écoute-moi, te dis-je, tu vas voir les choses bien changer de face, par ce que je te vais dire.

SILVIA – Eh bien! parle donc, je t'écoute, puisqu'il est arrêté que 545 ma complaisance pour toi sera éternelle.

DORANTE – Me promets-tu le secret?

SILVIA – Je n'ai jamais trahi personne.

DORANTE – Tu ne dois la confidence que je vais te faire qu'à l'estime que j'ai pour toi.

550 SILVIA – Je le crois; mais tâche de m'estimer sans me le dire, car cela sent le prétexte.

DORANTE – Tu te trompes, Lisette: tu m'as promis le secret,

---

notes

1. **de conséquence**: d'importance.
2. **Va la dire à eux-mêmes**: va la leur dire (tournure fréquente au XVIIIe siècle).

achevons. Tu m'as vu dans de grands mouvements[1] ; je n'ai pu me défendre de t'aimer.

555   SILVIA – Nous y voilà ; je me défendrai bien de t'entendre, moi ; adieu.

DORANTE – Reste ; ce n'est plus Bourguignon qui te parle.

SILVIA – Eh ! qui es-tu donc ?

DORANTE – Ah, Lisette ! c'est ici où tu vas juger des peines qu'a
560   dû ressentir mon cœur.

SILVIA – Ce n'est pas à ton cœur à qui[2] je parle, c'est à toi.

DORANTE – Personne ne vient-il ?

SILVIA – Non.

DORANTE – L'état où sont toutes les choses me force à te le dire,
565   je suis trop honnête homme pour n'en pas arrêter le cours.

SILVIA – Soit.

DORANTE – Sache que celui qui est avec ta maîtresse n'est pas ce qu'on pense.

SILVIA, *vivement*. – Qui est-il donc ?

570   DORANTE – Un valet.

SILVIA – Après ?

DORANTE – C'est moi qui suis Dorante.

SILVIA, *à part*. – Ah ! je vois clair dans mon cœur.

DORANTE – Je voulais sous cet habit pénétrer[3] un peu ce que
575   c'était que ta maîtresse, avant de l'épouser. Mon père, en partant[4], me permit ce que j'ai fait, et l'événement[5] m'en paraît un songe : je hais la maîtresse dont je devais être l'époux, et j'aime la suivante qui ne devait trouver en moi qu'un nouveau

---

notes

| | |
|---|---|
| **1. de grands mouvements** : une grande agitation. | **3. pénétrer** : comprendre. |
| **2. à qui** : que (tournure fréquente chez Marivaux). | **4. en partant** : à mon départ. |
| | **5. l'événement** : le résultat. |

580  maître. Que faut-il que je fasse à présent ? Je rougis pour elle de le dire, mais ta maîtresse a si peu de goût qu'elle est éprise de mon valet au point qu'elle l'épousera si on la laisse faire. Quel parti prendre ?

SILVIA, *à part*. – Cachons-lui qui je suis… *(Haut.)* Votre situation est neuve assurément ! Mais, Monsieur, je vous fais d'abord
585  mes excuses de tout ce que mes discours ont pu avoir d'irrégulier dans nos entretiens.

DORANTE, *vivement*. – Tais-toi, Lisette ; tes excuses me chagrinent, elles me rappellent la distance qui nous sépare, et ne me la rendent que plus douloureuse.

590  SILVIA – Votre penchant[1] pour moi est-il si sérieux ? m'aimez-vous jusque-là ?

DORANTE – Au point de renoncer à tout engagement[2], puisqu'il ne m'est pas permis d'unir mon sort au tien ; et dans cet état, la seule douceur que je pouvais goûter, c'était de croire
595  que tu ne me haïssais pas.

SILVIA – Un cœur qui m'a choisie dans la condition où je suis, est assurément bien digne qu'on l'accepte, et je le payerais volontiers du mien, si je ne craignais pas de le jeter dans un engagement qui lui ferait tort.

600  DORANTE – N'as-tu pas assez de charmes[3], Lisette ? y ajoutes-tu encore la noblesse avec laquelle tu me parles ?

SILVIA – J'entends quelqu'un. Patientez encore sur l'article de votre valet ; les choses n'iront pas si vite ; nous nous reverrons, et nous chercherons les moyens de vous tirer d'affaire.

605  DORANTE – Je suivrai tes conseils.

*Il sort.*

SILVIA – Allons, j'avais grand besoin que ce fût là Dorante.

**notes**

| **1. penchant:** inclination. | **2. engagement:** union. | **3. charmes:** attrait, beauté.

**133**

# Scène XIII   SILVIA, MARIO

MARIO – Je viens te retrouver, ma sœur : nous t'avons laissée
dans des inquiétudes qui me touchent ; je veux t'en tirer,
610  écoute-moi.

SILVIA, *vivement.* – Ah, vraiment, mon frère, il y a bien d'autres
nouvelles !

MARIO – Qu'est-ce que c'est ?

SILVIA – Ce n'est point Bourguignon, mon frère, c'est Dorante.

615  MARIO – Duquel parlez-vous donc ?

SILVIA – De lui, vous dis-je ; je viens de l'apprendre tout à
l'heure[1]. Il sort, il me l'a dit lui-même.

MARIO – Qui donc ?

SILVIA – Vous ne m'entendez[2] donc pas ?

620  MARIO – Si j'y comprends rien, je veux mourir.

SILVIA – Venez, sortons d'ici ; allons trouver mon père, il faut
qu'il le sache. J'aurai besoin de vous aussi, mon frère : il me
vient de nouvelles idées ; il faudra feindre de m'aimer ; vous en
avez déjà dit quelque chose en badinant ; mais surtout gardez
625  bien le secret, je vous en prie…

MARIO – Oh ! je le garderai bien, car je ne sais ce que c'est.

SILVIA – Allons, mon frère, venez ! ne perdons point de temps.
Il n'est jamais rien arrivé d'égal à cela.

MARIO – Je prie le ciel qu'elle n'extravague pas[3].

---

*notes* ..........................................................

1. **tout à l'heure** : à l'instant.
2. **m'entendez** : me comprenez.
3. **n'extravague pas** : ne délire pas.

# ACTE III

## Scène première

DORANTE, ARLEQUIN

ARLEQUIN – Hélas ! Monsieur, mon très honoré maître, je vous en conjure…

DORANTE – Encore ?

ARLEQUIN – Ayez compassion de ma bonne aventure, ne portez point guignon[1] à mon bonheur qui va son train si rondement ; ne lui fermez point le passage.

DORANTE – Allons donc, misérable, je crois que tu te moques de moi ! Tu mériterais cent coups de bâton.

ARLEQUIN – Je ne les refuse point, si je les mérite ; mais quand je les aurai reçus, permettez-moi d'en mériter d'autres : voulez-vous que j'aille chercher le bâton ?

DORANTE – Maraud !

note

| **1. guignon**: malheur.

ARLEQUIN – Maraud, soit, mais cela n'est point contraire à faire fortune.

15 DORANTE – Ce coquin! quelle imagination il lui prend!

ARLEQUIN – Coquin est encore bon, il me convient aussi : un maraud n'est point déshonoré d'être appelé coquin ; mais un coquin peut faire un bon mariage.

DORANTE – Comment, insolent! tu veux que je laisse un hon-
20 nête homme dans l'erreur, et que je souffre que tu épouses sa fille sous mon nom ? Écoute, si tu me parles encore de cette impertinence-là, dès que j'aurai averti Monsieur Orgon de ce que tu es, je te chasse, entends-tu ?

ARLEQUIN – Accommodons-nous[1] : cette demoiselle m'adore,
25 elle m'idolâtre. Si je lui dis mon état[2] de valet, et que, nonobs-tant[3], son tendre cœur soit toujours friand de la noce avec moi, ne laisserez-vous pas jouer les violons[4] ?

DORANTE – Dès qu'on te connaîtra[5], je ne m'embarrasse plus.

ARLEQUIN – Bon! je vais de ce pas prévenir cette généreuse
30 personne sur mon habit de caractère[6]. J'espère que ce ne sera pas un galon de couleur[7] qui nous brouillera ensemble, et que son amour me fera passer à la table en dépit du sort qui ne m'a mis qu'au buffet[8].

---

*notes*

1. **Accommodons-nous** : mettons-nous d'accord.
2. **mon état** : ma condition sociale.
3. **nonobstant** : cependant.
4. **jouer les violons** : sous-entendu «des fêtes de mariage».
5. **te connaîtra** : saura qui tu es.

6. **habit de caractère** : l'habit qui me caractérise, c'est-à-dire la livrée de valet.
7. **galon de couleur** : signe distinctif des laquais, visible sur les coutures de leurs vêtements.
8. **buffet** : là où les laquais se tiennent pour servir les maîtres.

# Scène II

DORANTE *seul, et ensuite* MARIO

**35** DORANTE – Tout ce qui se passe ici, tout ce qui m'y est arrivé à moi-même est incroyable… Je voudrais pourtant bien voir Lisette, et savoir le succès de ce qu'elle m'a promis de faire auprès de sa maîtresse pour me tirer d'embarras. Allons voir si je pourrai la trouver seule.

MARIO – Arrêtez, Bourguignon ; j'ai un mot à vous dire.

**40** DORANTE – Qu'y a-t-il pour votre service, Monsieur ?

MARIO – Vous en contez[1] à Lisette ?

DORANTE – Elle est si aimable[2] qu'on aurait de la peine à ne lui pas parler d'amour.

MARIO – Comment reçoit-elle ce que vous lui dites ?

**45** DORANTE – Monsieur, elle en badine[3].

MARIO – Tu as de l'esprit ; ne fais-tu pas l'hypocrite ?

DORANTE – Non ; mais qu'est-ce que cela vous fait ? Supposé que Lisette eût du goût pour moi…

MARIO – Du goût pour lui ! où prenez-vous vos termes ? Vous **50** avez le langage bien précieux pour un garçon de votre espèce.

DORANTE – Monsieur, je ne saurais parler autrement.

MARIO – C'est apparemment avec ces petites délicatesses[4]-là que vous attaquez[5] Lisette ? Cela imite l'homme de condition.

DORANTE – Je vous assure, Monsieur, que je n'imite personne ; **55** mais sans doute que vous ne venez pas exprès pour me traiter de ridicule, et vous aviez autre chose à me dire ? Nous parlions de Lisette, de mon inclination pour elle et de l'intérêt que vous y prenez.

*passage analysé*

**notes**

1. **en contez :** faites la cour.
2. **aimable :** digne d'être aimée.
3. **en badine :** s'en moque gentiment.
4. **délicatesses :** raffinements du langage.
5. **attaquez :** cherchez à séduire.

MARIO – Comment, morbleu ! il y a déjà un ton de jalousie
dans ce que tu me réponds ! Modère-toi un peu. Eh bien, tu
me disais qu'en supposant que Lisette eût du goût pour toi…
Après ?

DORANTE – Pourquoi faudrait-il que vous le sussiez, Monsieur ?

MARIO – Ah ! le voici : c'est que malgré le ton badin que j'ai
pris tantôt, je serais très fâché qu'elle t'aimât ; c'est que sans
autre raisonnement, je te défends de t'adresser davantage à
elle ; non pas dans le fond que je craigne qu'elle t'aime, elle
me paraît avoir le cœur trop haut pour cela ; mais c'est qu'il
me déplaît, à moi, d'avoir Bourguignon pour rival.

DORANTE – Ma foi, je vous crois ; car Bourguignon, tout
Bourguignon qu'il est, n'est pas même content que vous soyez
le sien.

MARIO – Il prendra patience.

DORANTE – Il faudra bien ; mais Monsieur, vous l'aimez donc
beaucoup ?

MARIO – Assez pour m'attacher sérieusement à elle, dès que
j'aurai pris de certaines mesures[1]. Comprends-tu ce que cela
signifie ?

DORANTE – Oui, je crois que je suis au fait ; et sur ce pied-là[2]
vous êtes aimé sans doute ?

MARIO – Qu'en penses-tu ? Est-ce que je ne vaux pas la peine
de l'être ?

DORANTE – Vous ne vous attendez pas à être loué par vos
propres rivaux, peut-être ?

MARIO – La réponse est de bon sens, je te la pardonne ; mais je
suis bien mortifié de ne pouvoir pas dire qu'on m'aime, et je

*passage analysé* (marge gauche)

notes
--------

**1. de certaines mesures :** certaines mesures bien précises.
**2. sur ce pied-là :** dans ces conditions.

ne le dis pas pour t'en rendre compte, comme tu le crois bien ; mais c'est qu'il faut dire la vérité.

**DORANTE** – Vous m'étonnez, Monsieur ; Lisette ne sait donc pas vos desseins ?

**MARIO** – Lisette sait tout le bien que je lui veux, et n'y paraît pas sensible ; mais j'espère que la raison me gagnera son cœur. Adieu, retire-toi sans bruit[1]. Son indifférence pour moi, malgré tout ce que je lui offre, doit te consoler du sacrifice que tu me feras… Ta livrée n'est pas propre à faire pencher la balance en ta faveur, et tu n'es pas fait pour lutter contre moi.

# Scène III          SILVIA, DORANTE, MARIO

**MARIO** – Ah ! te voilà, Lisette ?

**SILVIA** – Qu'avez-vous, Monsieur ? vous me paraissez ému.

**MARIO** – Ce n'est rien ; je disais un mot à Bourguignon.

**SILVIA** – Il est triste ; est-ce que vous le querelliez[2] ?

**DORANTE** – Monsieur m'apprend qu'il vous aime, Lisette.

**SILVIA** – Ce n'est pas ma faute.

**DORANTE** – Et me défend de vous aimer.

**SILVIA** – Il me défend donc de vous paraître aimable ?

**MARIO** – Je ne saurais empêcher qu'il ne t'aime, belle Lisette, mais je ne veux pas qu'il te le dise.

**SILVIA** – Il ne me le dit plus ; il ne fait que me le répéter.

**MARIO** – Du moins ne te le répétera-t-il pas quand je serai présent ; retirez-vous, Bourguignon.

*notes*

| **1. sans bruit :** sans protester.          | **2. querelliez :** réprimandiez.

110 DORANTE – J'attends qu'elle me l'ordonne.

MARIO – Encore?

SILVIA – Il dit qu'il attend, ayez donc patience.

DORANTE – Avez-vous de l'inclination pour Monsieur?

SILVIA – Quoi! de l'amour? oh, je crois qu'il ne sera pas néces-
115     saire qu'on me le défende.

DORANTE – Ne me trompez-vous pas?

MARIO – En vérité, je joue ici un joli personnage; qu'il sorte
    donc. À qui est-ce que je parle?

DORANTE – À Bourguignon, voilà tout.

120 MARIO – Eh bien, qu'il s'en aille!

DORANTE, *à part.* – Je souffre.

SILVIA – Cédez, puisqu'il se fâche.

DORANTE, *bas à Silvia.* – Vous ne demandez peut-être pas
    mieux?

125 MARIO – Allons, finissons.

DORANTE – Vous ne m'aviez pas dit cet amour-là, Lisette.

**suite, p. 152**

# La cruauté amoureuse

Lecture analytique des scènes 2 et 3 de l'acte III, pp. 137 à 140.

Après plus de vingt scènes combinant les six personnages, les possibilités de rencontres deux à deux s'épuisent logiquement. Mais le jeu se durcit. Les personnages sentent que l'enjeu n'est plus abstrait : la liberté, le mariage, la perte d'une sœur… Le dénouement se rapproche. Cet acte III commence plus sec, plus glaçant que les précédents. Les hommes s'y affrontent sans s'accorder : Dorante insulte Arlequin, Mario humilie Dorante. Silvia jouit de ce spectacle comme d'une victoire supplémentaire. Le jeu instauré à l'acte I enrichit sa palette : Silvia n'est plus seule à improviser face à Dorante ; Mario l'accompagne.

Parmi les sentiments liés à l'amour, l'un d'eux n'avait pas encore été exploité : la jalousie. Mario et Silvia inventent de toutes pièces une épreuve nouvelle pour le pauvre Dorante. Tout se conjugue pour le tromper.

## Le rôle du grand frère

Dans l'acte III, les deux spectateurs que sont Orgon et Mario ne peuvent rester en retrait. Ils voient l'action progresser, et chacun à sa façon décide de l'influencer. Mario était jusqu'ici un personnage oisif. Son action se bornait à se moquer de sa sœur et de ses lubies. Désormais, il se donne lui-même au théâtre : il joue un rôle, s'invente des sentiments, interrompt Dorante dans ses desseins. On retrouve certains traits de caractère du « second amoureux » de la comédie italienne. Amoureux refusé, il devient jaloux, et ses actions créent des obstacles pour les amants. L'autre rôle que tient souvent le second amoureux est, justement, celui du grand frère, fier et susceptible, prompt à tirer l'épée pour venger l'honneur de sa famille. Mario s'inspire naturellement de ce répertoire pour créer en quelques répliques un personnage nouveau. Dorante-Bourguignon est de toute façon trop perturbé par Silvia pour déceler les incohérences du soi-disant amour de Mario pour la fausse Lisette.

......... **Les deux rivaux** .........

❶ Pourquoi Mario vouvoie-t-il d'abord Dorante ? Est-ce un piège ou une erreur ?

❷ Montrez comment Mario et Silvia ont préparé cette scène. L'entrée de Silvia est-elle fortuite ?

❸ Pourquoi Mario accuse-t-il Dorante d'hypocrisie ?

❹ Quelle révélation sur « Lisette » Mario fait-il à Dorante ?

## Les différences de condition

En 1730, il est à peu près impossible pour une femme de condition d'épouser un domestique. L'inverse est envisageable, mais très rare : une mésalliance serait considérée comme une tare dans cette société profondément castée. Il est beaucoup plus fréquent qu'un aristocrate entretienne une maîtresse. Généralement, il s'en glorifie. Les différences de condition entre « Bourguignon » et Silvia d'un côté, entre Dorante et la fausse Lisette de l'autre, sont donc des obstacles réels. Quand Silvia cherche à se faire demander en mariage dans son costume de domestique, elle demande énormément à l'amour de Dorante : l'abandon certain de sa position sociale.

......... **L'orgueil de Dorante** .........

❺ À quoi voit-on que les trois personnages de la scène 3 font en réalité partie du même monde ?

❻ Dorante se sent-il humilié quand Mario obtient son départ ?

❼ Pourquoi Dorante ne se trahit-il pas ?

## Les peurs de Silvia

Si *Le Jeu de l'amour et du hasard* est construit sur bon nombre de symétries, il en est une sur laquelle il convient de ne pas se tromper : la femme et l'homme sont des êtres inégaux. La femme est soumise à l'homme ; le mariage lui fait quitter la tutelle d'un père pour celle d'un mari. Aussi, le choix d'un bon mari est-il beaucoup plus important pour la femme que le choix d'une bonne épouse pour un homme. Dès l'acte I, Silvia s'est exprimée sur sa peur des hommes : elle craint leur duplicité, leur violence. Les hommes de sa maison, Mario et Orgon, la considèrent avec tendresse, la gâtent peut-être. Habituée à être la maîtresse, elle a peur de perdre sa liberté. Vu l'importance de l'enjeu pour elle, Silvia considère que tous les coups sont permis.

L'épreuve imposée à Dorante s'inscrit dans le plan de Silvia pour l'humilier avant de l'épouser. Cet abaissement a deux fonctions : effacer les peurs que cette union lui inspire et se venger d'avance sur Dorante de la future sujétion qu'elle sera bien contrainte d'observer. Le calcul de Silvia s'oppose à l'amour qu'elle ressent pour Dorante. Quand elle le voit souffrir, elle manque de se trahir. Mario la remet dans le jeu.

.............................. **L'orgueil de Silvia** ..............................

❽ Dans la scène 3, Silvia semble d'abord s'apitoyer sur Dorante. Comment revient-elle dans le jeu ?

❾ Relevez les équivoques dans le texte de Silvia.

❿ Pourquoi Silvia ne répond-elle pas à la dernière question de Dorante ?

La condition de la femme au XVIIIe siècle demeure extrêmement difficile. Les nombreux exemples de femmes émancipées, combattantes, libérées ne doivent pas nous faire oublier la sujétion et l'absence de droits de la quasi-totalité des femmes. Toutefois, cette inégalité est remise en cause, en particulier dans des salons tenus par de grandes figures féminines : Mme du Deffand, qui vit séparée de son vieux mari ; Mme Tencin ; Mme Lambert… Le rôle de la femme dans la société, son éducation, la possibilité d'accéder à des fonctions jusque-là dévolues aux hommes sont sujets de débats, dans un mouvement de pensées qui traverse le siècle. Mais le chemin est encore long vers l'égalité.

Les grands auteurs du XVIIIe siècle ont donné à des femmes un rôle central dans leurs œuvres. Marivaux, particulièrement, s'est intéressé au sort des filles pauvres, rejetées par la société.

### Texte A : Scène 3 de l'acte III du *Jeu de l'amour et du hasard* de Marivaux (pp. 139-140)

### Texte B : Jean-Jacques Rousseau, *Émile ou De l'éducation*

*Dans ce roman pédagogique, Rousseau expose ses théories sur l'éducation : large part donnée à la spontanéité des comportements, importance de la découverte de la nature, développement des valeurs du cœur et de la culture, pour préparer l'homme à sa vie de citoyen. La femme, elle, nécessite bien moins de soins.*

La femme est faite spécialement pour plaire à l'homme ; si l'homme doit lui plaire à son tour, c'est d'une nécessité moins directe, son mérite est dans sa puissance, il plaît par cela seul qu'il est fort. Ce n'est pas ici la loi de l'amour, j'en conviens ; mais c'est celle de la nature, antérieure à l'amour même. Cultiver dans les femmes les qualités de l'homme et négliger celles qui leur sont propres, c'est donc visiblement travailler à leur préjudice : les rusées le voient trop bien pour en être les dupes ; en tâchant d'usurper nos avantages elles n'abandonnent pas les leurs ; mais il arrive de là que, ne pouvant bien ménager les uns et les autres, parce qu'ils sont incompatibles, elles restent au-dessous de leur portée sans se mettre à la nôtre, et perdent la moitié de leur prix. Croyez-moi, mère judicieuse, ne faites point de votre fille un honnête homme, comme pour donner un démenti à la nature ; faites-en une honnête femme, et soyez sûre qu'elle en vaudra mieux pour elle et pour nous.

L'inconstance des goûts leur est aussi funeste que leur excès, et l'un et l'autre leur vient de la même source. Ne leur ôtez pas la gaîté, les ris[1], le bruit, les folâtres jeux, mais empêchez qu'elles ne se rassasient de l'un pour courir à l'autre, ne souffrez pas qu'un seul instant de leur vie elles ne connaissent plus de frein. Accoutumez-les à se voir interrompre au milieu de leurs jeux et ramener à d'autres soins sans murmurer. La seule habitude suffit encore en ceci, parce qu'elle ne fait que seconder la nature.

Il résulte de cette contrainte habituelle une docilité dont les femmes ont besoin toute leur vie, puisqu'elles ne cessent jamais d'être assujetties ou à un homme ou au jugement des hommes, et qu'il ne leur est jamais permis de se mettre au-dessus de ces jugements. La première et la plus importante qualité d'une femme est la douceur ; faite pour obéir à un être aussi imparfait que l'homme, souvent si plein de vices, et toujours si plein de défauts, elle doit apprendre de bonne heure à souffrir même l'injustice, et à supporter les torts d'un mari sans se plaindre ; ce n'est pas pour lui, c'est pour elle qu'elle doit être douce : l'aigreur et l'opiniâtreté des femmes ne font jamais qu'augmenter leurs maux et les mauvais procédés des maris ; ils sentent que ce n'est pas avec ces armes-là qu'elles doivent les vaincre. Le Ciel ne les fit point insinuantes et persuasives pour devenir acariâtres ; il ne les fit point faibles pour être impérieuses ; il ne leur donna point une voix si douce pour dire des injures ; il ne leur fit point des traits si délicats pour les défigurer par la colère. Quand elles se fâchent, elles s'oublient ; elles ont souvent raison de se plaindre, mais elles ont toujours tort de gronder. Chacun doit garder le ton de son sexe ; un mari trop doux peut rendre une femme impertinente ; mais, à moins qu'un homme ne soit un monstre, la douceur d'une femme le ramène et triomphe de lui tôt ou tard.

Jean-Jacques Rousseau, *Émile ou De l'éducation*, tome V, 1762.

1. **ris** : rires.

## Texte C : Beaumarchais, *Le Mariage de Figaro*

*Cette scène commence par une délirante « scène de reconnaissance » : Figaro découvre qu'il est le fils de Marceline, laquelle intriguait pour l'épouser ! Mais le discours devient grave quand Marceline attaque les préjugés qui punissent les filles séduites. À l'époque, ces tirades ont été censurées.*

BARTHOLO – Vous l'épouserez.

FIGARO – Sans l'aveu de mes nobles parents ?

BARTHOLO – Nommez-les, montrez-les.

FIGARO – Qu'on me donne un peu de temps : je suis bien près de les revoir ; il y a quinze ans que je les cherche.

BARTHOLO – Le fat ! C'est quelque enfant trouvé !

LE COMTE *revient.* – Volé, perdu, la preuve ? Il crierait qu'on lui fait injure !

FIGARO – Monseigneur, quand les langes à dentelles, tapis brodés et joyaux d'or trouvés sur moi par les brigands n'indiqueraient pas ma haute naissance, la précaution qu'on avait prise de me faire des marques distinctives témoignerait assez combien j'étais un fils précieux : et cet hiéroglyphe à mon bras…

*Il veut se dépouiller le bras droit.*

MARCELINE *se levant vivement.* – Une spatule à ton bras droit ?

FIGARO – D'où savez-vous que je dois l'avoir ?

MARCELINE – Dieux ! C'est lui !

FIGARO – Oui, c'est moi.

BARTHOLO, *à Marceline.* – Et qui ? Lui !

MARCELINE, *vivement.* – C'est Emmanuel.

BARTHOLO, *à Figaro.* – Tu fus enlevé par des bohémiens ?

FIGARO, *exalté.* – Tout près d'un château. Bon docteur, si vous me rendez ma noble famille, mettez un prix à ce service ; des monceaux d'or n'arrêteront pas mes illustres parents.

BARTHOLO, *montrant Marceline.* – Voilà ta mère.

FIGARO – … Nourrice ?

BARTHOLO – Ta propre mère.

LE COMTE – Sa mère !

FIGARO – Expliquez-vous.

MARCELINE, *montrant Bartholo.* – Voilà ton père.

FIGARO, *désolé.* – Oooh ! aïe de moi !

MARCELINE – Est-ce que la nature ne te l'a pas dit mille fois ?

FIGARO – Jamais.

LE COMTE *à part.* – Sa mère !

BRID'OISON – C'est clair, i-il ne l'épousera pas.

BARTHOLO – Ni moi non plus.

MARCELINE – Ni vous ! Et votre fils ? Vous m'aviez juré…

BARTHOLO – J'étais fou. Si pareils souvenirs engageaient, on serait tenu d'épouser tout le monde.

BRID'OISON – E-et si l'on y regardait de si près, per-personne n'épouserait personne.

BARTHOLO – Des fautes si connues ! une jeunesse déplorable.

MARCELINE, *s'échauffant par degrés.* – Oui, déplorable, et plus qu'on ne croit ! Je n'entends pas nier mes fautes ; ce jour les a trop bien prouvées ! mais qu'il est dur de les expier après trente ans d'une vie modeste ! J'étais née, moi, pour être sage, et je la suis devenue sitôt qu'on m'a permis d'user de ma raison. Mais dans l'âge des illusions, de l'inexpérience et des besoins, où les séducteurs nous assiègent pendant que la misère nous poignarde, que peut opposer une enfant à tant d'ennemis rassemblés ? Tel nous juge ici sévèrement, qui, peut-être, en sa vie a perdu dix infortunées !

FIGARO – Les plus coupables sont les moins généreux ; c'est la règle.

MARCELINE, *vivement.* – Hommes plus qu'ingrats, qui flétrissez par le mépris les jouets de vos passions, vos victimes ! c'est vous qu'il faut punir des erreurs de notre jeunesse ; vous et vos magistrats, si vains[1] du droit de nous juger, et qui nous laissent enlever, par leur coupable négligence, tout honnête moyen de subsister. Est-il un seul état pour les malheureuses filles ? Elles avaient un droit naturel à toute la parure des femmes[2] : on y laisse former mille ouvriers de l'autre sexe.

FIGARO, *en colère.* – Ils font broder jusqu'aux soldats !

MARCELINE, *exaltée.* – Dans les rangs mêmes les plus élevés, les femmes n'obtiennent de vous qu'une considération dérisoire ; leurrées[3] de respects apparents, dans une servitude réelle ; traitées en mineures pour nos biens, punies en majeures pour nos fautes ! Ah ! sous tous les aspects, votre conduite avec nous fait horreur ou pitié !

FIGARO – Elle a raison !

LE COMTE *à part.* – Que trop raison !

Beaumarchais, *Le Mariage de Figaro*, scène 16 de l'acte III, 1784.

**1. vains :** fiers. **2. parure des femmes :** travaux de couture, au départ réservés aux femmes.
**3. leurrées :** trompées.

## Texte D : Olympe de Gouges, *Préambule de la « Déclaration des droits de la femme et de la citoyenne »*

*Infatigable combattante pour l'émancipation de la femme, Olympe de Gouges a parodié la* Déclaration des droits de l'homme et du citoyen *dans le texte suivant. On y retrouve la volonté d'un vrai statut de la femme.*

Les mères, les filles, les sœurs, représentantes de la nation, demandent d'être constituées en Assemblée nationale. Considérant que l'ignorance, l'oubli ou le mépris des droits de la femme sont les seules causes des malheurs publics et de la corruption des gouvernements, elles ont résolu d'exposer dans une déclaration solennelle les droits naturels, inaliénables et sacrés de la femme, afin que cette déclaration, constamment présente à tous les membres du corps social, leur rappelle sans cesse leurs droits et leurs devoirs, afin que les actes du pouvoir des femmes et ceux du pouvoir des hommes, pouvant être à chaque instant comparés avec le but de toute institution politique, en soient plus respectés, afin que les réclamations des citoyennes, fondées désormais sur des principes simples et incontestables, tournent toujours au maintien de la Constitution, des bonnes mœurs, et au bonheur de tous. En conséquence, le sexe supérieur en beauté comme en courage, dans les souffrances maternelles, reconnaît et déclare, en présence et sous les auspices de l'Être suprême, les droits suivants de la femme et de la citoyenne.

Olympe de Gouges, *Préambule de la « Déclaration des droits de la femme et de la citoyenne »*, 1791.

## Texte E : Henrik Ibsen, *Maison de poupée*

*Le dramaturge norvégien Henrik Ibsen a placé au centre de son œuvre la femme et son combat pour sa liberté et son émancipation.*

NORA – Nous voici là, l'un en face de l'autre. N'es-tu pas frappé d'une chose ?

HELMER – Que veux-tu dire ?

NORA – Voilà huit ans que nous sommes mariés. Réfléchis un peu : n'est-ce pas la première fois que nous deux, tels que nous sommes, mari et femme, nous causons sérieusement ensemble ?

HELMER – Sérieusement, oui... Qu'est-ce que cela veut dire ?

NORA – Huit années ont passé... et même plus, en comptant depuis notre première rencontre, et nous n'avons jamais échangé une parole sérieuse sur un sujet grave.

HELMER – Aurais-je dû t'initier à mes soucis que tu n'aurais pas pu soulager ?

NORA – Je ne parle pas de soucis. Je veux dire que jamais, en quoi que ce soit, nous n'avons cherché en commun à voir le fond des choses.

HELMER – Mais voyons, ma chère Nora : était-ce là une occupation pour toi ?

NORA – Nous y voilà ! Tu ne m'as jamais comprise… On a été très injuste envers moi, Torvald[1] : papa d'abord, toi ensuite.

HELMER – Quoi ? Nous deux !… Mais qui donc t'a aimée autant que nous ?

NORA *secouant la tête.* – Vous ne m'avez jamais aimée. Il vous a semblé amusant d'être en adoration devant moi, voilà tout.

HELMER – Voyons, Nora, que veut dire ce langage ?

NORA – C'est ainsi, Torvald : quand j'étais chez papa, il m'exposait ses idées et je les partageais. Si j'en avais d'autres, je les cachais. Il n'aurait pas aimé cela. Il m'appelait sa petite poupée et jouait avec moi comme je jouais avec mes poupées. Puis je suis venue chez toi…

HELMER – Tu as de singulières expressions pour parler de notre mariage.

NORA *sans changer de ton.* – Je veux dire que, des mains de papa, j'ai passé dans les tiennes. Tu as tout arrangé à ton goût et ce goût je le partageais, ou bien je faisais semblant, je ne sais pas au juste ; l'un et l'autre peut-être, tantôt ceci, tantôt cela. En jetant maintenant un regard en arrière, il me semble que j'ai vécu ici comme vivent les pauvres gens… au jour le jour. J'ai vécu des pirouettes que je faisais pour toi, Torvald. Mais cela te convenait. Toi et papa, vous avez été bien coupables envers moi. À vous la faute, si je ne suis bonne à rien.

HELMER – Tu es absurde, Nora, absurde et ingrate. N'as-tu pas été heureuse ici ?

NORA – Jamais. J'ai cru l'être, mais je ne l'ai jamais été.

HELMER – Tu n'as pas… tu n'as pas été heureuse !

NORA – Non ; j'ai été gaie, voilà tout. Tu étais si gentil avec moi : mais notre maison n'a pas été autre chose qu'une salle de récréation. J'ai été poupée-femme chez toi, comme j'avais été poupée-enfant chez papa. Et nos enfants, à leur tour, ont été mes poupées à moi. Je trouvais drôle quand tu jouais avec moi, comme ils trouvaient drôle quand je jouais avec eux. Voilà ce qu'a été notre union, Torvald.

HELMER – Il y a quelque chose de vrai dans ce que tu dis… bien que tu exagères et amplifies beaucoup. Mais à l'avenir cela changera. Le temps de la récréation est passé, maintenant vient celui de l'éducation.

NORA – L'éducation de qui, la mienne ou celle des enfants ?

HELMER – L'une et l'autre, chère Nora.

NORA – Hélas ! Torvald, tu n'es pas homme à m'élever pour faire de moi la véritable épouse qu'il te faut.

HELMER – C'est toi qui dis cela ?

NORA – Et moi… comment suis-je prête à élever les enfants ?

HELMER – Nora !

NORA – Ne le disais-tu pas tout à l'heure… que c'est une tâche que tu n'oses me confier ?

HELMER – Je l'ai dit dans un instant d'irritation. Vas-tu maintenant relever cela ?

NORA – Mon Dieu ! tu l'as très bien dit. C'est là une tâche au-dessus de ma portée. Il en est une autre dont je dois m'acquitter d'abord. Je veux songer avant tout à m'élever moi-même. Tu n'es pas homme à me faciliter cette tâche. Je dois l'entreprendre seule. Voilà pourquoi je vais te quitter.

Henrik Ibsen, *Maison de poupée*, 1879, acte III, trad. de Moritz Prozor, Perrin, 1961.

**1. Torvald :** suivant l'habitude norvégienne, Nora appelle son mari par son nom de famille.

---

### Corpus

**Texte A :** Scène 3 de l'acte III du *Jeu de l'amour et du hasard* de Marivaux (pp. 139-140).

**Texte B :** Extrait d'*Émile ou De l'éducation* de Jean-Jacques Rousseau (pp. 144-145).

**Texte C :** Extrait de la scène 16 de l'acte III du *Mariage de Figaro* de Beaumarchais (pp. 146-147).

**Texte D :** *Préambule de la « Déclaration des droits de la femme et de la citoyenne »* d'Olympe de Gouges (p. 148).

**Texte E :** Extrait de l'acte III de *Maison de poupée* d'Henrik Ibsen (pp. 148 à 150).

## Examen des textes

❶ Dans le texte B, Rousseau est il antiféministe ? Comment en vient-il à accepter l'inégalité de l'éducation ?

❷ En quoi le texte E s'oppose-t-il catégoriquement au texte B ?

❸ Comment Beaumarchais fait-il naître le sérieux au milieu du comique (texte C) ?

❹ Comment, dans les textes C et E, Marceline et Nora prennent-elles la scène à leur compte ?

## Travaux d'écriture

### Question préliminaire
D'après les textes du corpus, quels arguments exposent les hommes pour soutenir que la femme doit obéir à l'homme ?

### Commentaire
Vous commenterez l'extrait d'*Émile ou De l'éducation* de Jean-Jacques Rousseau (texte B).

### Dissertation
Un personnage de théâtre est-il porte-parole de l'auteur ? Pour répondre, vous vous appuierez sur les textes du corpus et vos lectures personnelles.

### Écriture d'invention
D'après les textes B et E, imaginez la réponse de Rousseau à Nora.

# Scène IV

MONSIEUR ORGON, MARIO, SILVIA

SILVIA – Si je n'aimais pas cet homme-là, avouons que je serais bien ingrate.

MARIO, *riant.* – Ah! ah! ah! ah!

130 MONSIEUR ORGON – De quoi riez-vous, Mario?

MARIO – De la colère de Dorante qui sort, et que j'ai obligé de quitter Lisette.

SILVIA – Mais que vous a-t-il dit dans le petit entretien que vous avez eu tête à tête avec lui?

135 MARIO – Je n'ai jamais vu d'homme ni plus intrigué[1] ni de plus mauvaise humeur.

MONSIEUR ORGON – Je ne suis pas fâché qu'il soit la dupe de son propre stratagème, et d'ailleurs, à le bien prendre[2] il n'y a rien de si flatteur ni de plus obligeant[3] pour lui que tout ce 140 que tu as fait jusqu'ici, ma fille; mais en voilà assez.

MARIO – Mais où en est-il précisément, ma sœur?

SILVIA – Hélas, mon frère, je vous avoue que j'ai lieu d'être contente.

MARIO – Hélas, mon frère, dit-elle! Sentez-vous cette paix 145 douce qui se mêle à ce qu'elle dit?

MONSIEUR ORGON – Quoi! ma fille, tu espères qu'il ira jusqu'à t'offrir sa main dans le déguisement où te voilà?

SILVIA – Oui, mon cher père, je l'espère.

MARIO – Friponne[4] que tu es, avec ton cher père! tu ne nous 150 grondes plus à présent, tu nous dis des douceurs.

*notes*

1. **intrigué**: embarrassé.
2. **à le bien prendre**: si l'on juge bien la situation.
3. **obligeant**: courtois.
4. **Friponne**: coquette, habile.

SILVIA – Vous ne me passez rien.

MARIO – Ah! ah! je prends ma revanche; tu m'as tantôt[1] chicané sur mes expressions, il faut bien à mon tour que je badine un peu sur les tiennes; ta joie est bien aussi divertis-
155    sante que l'était ton inquiétude.

MONSIEUR ORGON – Vous n'aurez point à vous plaindre de moi, ma fille; j'acquiesce à tout ce qui vous plaît.

SILVIA – Ah, Monsieur, si vous saviez combien je vous aurai d'obligation! Dorante et moi, nous sommes destinés l'un à
160    l'autre. Il doit m'épouser; si vous saviez combien[2] je lui tiendrai compte de ce qu'il fait aujourd'hui pour moi, combien mon cœur gardera le souvenir de l'excès de tendresse[3] qu'il me montre! si vous saviez combien tout ceci va rendre notre union aimable[4]! Il ne pourra jamais se rappeler notre histoire
165    sans m'aimer, je n'y songerai jamais que je ne l'aime[5], vous avez fondé notre bonheur pour la vie, en me laissant faire; c'est un mariage unique; c'est une aventure dont le seul récit est attendrissant; c'est le coup de hasard le plus singulier, le plus heureux, le plus…

170    MARIO – Ah! ah! ah! que ton cœur a de caquet[6], ma sœur! quelle éloquence!

MONSIEUR ORGON – Il faut convenir que le régal[7] que tu te donnes est charmant, surtout si tu achèves.

SILVIA – Cela vaut fait[8], Dorante est vaincu, j'attends mon captif.

175    MARIO – Ses fers seront plus dorés qu'il ne pense; mais je lui crois l'âme en peine, et j'ai pitié de ce qu'il souffre.

notes ......................................................................

1. **tantôt**: tout à l'heure.
2. **combien**: à quel point.
3. **tendresse**: passion.
4. **aimable**: agréable.

5. **que je ne l'aime**: sans l'aimer.
6. **a de caquet**: est bavard et prétentieux.
7. **régal**: divertissement.
8. **Cela vaut fait**: c'est comme si c'était fait.

SILVIA – Ce qui lui en coûte à se déterminer ne me le rend que plus estimable : il pense qu'il chagrinera son père en m'épousant, il croit trahir sa fortune et sa naissance. Voilà de grands sujets de réflexions ; je serai charmée de triompher. Mais il faut que j'arrache ma victoire, et non pas qu'il me la donne ; je veux un combat entre l'amour et la raison.

MARIO – Et que la raison y périsse ?

MONSIEUR ORGON – C'est-à-dire que tu veux qu'il sente toute l'étendue de l'impertinence[1] qu'il croira faire : quelle insatiable vanité d'amour-propre !

MARIO – Cela, c'est l'amour-propre d'une femme, et il est tout au plus uni[2].

## Scène V

MONSIEUR ORGON, SILVIA,
MARIO, LISETTE

MONSIEUR ORGON – Paix, voici Lisette : voyons ce qu'elle nous veut.

LISETTE – Monsieur, vous m'avez dit tantôt que vous m'abandonniez Dorante, que vous livriez sa tête à ma discrétion[3]. Je vous ai pris au mot, j'ai travaillé comme pour moi, et vous verrez de l'ouvrage bien fait ; allez, c'est une tête bien conditionnée[4]. Que voulez-vous que j'en fasse à présent ? Madame me le cède-t-elle ?

MONSIEUR ORGON – Ma fille, encore une fois, n'y prétendez-vous rien ?

notes

1. **impertinence** : action déplacée, qui ne convient pas.
2. **tout au plus uni** : le plus simple qui soit.

3. **livriez sa tête à ma discrétion** : me donniez droit de vie ou de mort sur lui.
4. **conditionnée** : mise en condition, préparée.

SILVIA – Non, je te la donne, Lisette ; je te remets tous mes
200    droits, et pour dire comme toi, je ne prendrai jamais de part à
un cœur que je n'aurai pas conditionné moi-même.

LISETTE – Quoi ! vous voulez bien que je l'épouse ? Monsieur le
veut bien aussi ?

MONSIEUR ORGON – Oui ; qu'il s'accommode[1] ! pourquoi
205    t'aime-t-il ?

MARIO – J'y consens aussi, moi.

LISETTE – Moi aussi, et je vous en remercie tous.

MONSIEUR ORGON – Attends, j'y mets pourtant une petite res-
triction ; c'est qu'il faudrait, pour nous disculper de ce qui
210    arrivera, que tu lui dises un peu qui tu es.

LISETTE – Mais si je le lui dis un peu, il le saura tout à fait.

MONSIEUR ORGON – Eh bien, cette tête en si bon état ne
soutiendra-t-elle pas cette secousse-là ? Je ne le crois pas de
caractère à s'effaroucher là-dessus[2].

215    LISETTE – Le voici qui me cherche ; ayez donc la bonté de me
laisser le champ libre, il s'agit ici de mon chef-d'œuvre.

MONSIEUR ORGON – Cela est juste ; retirons-nous.

SILVIA – De tout cœur.

MARIO – Allons.

# Scène VI        LISETTE, ARLEQUIN

220    ARLEQUIN – Enfin, ma reine, je vous vois et je ne vous quitte
plus, car j'ai trop pâti d'avoir manqué de votre présence, et j'ai
cru que vous esquiviez la mienne.

**notes**
...................................................................................................

| **1. s'accommode :** donne son accord.    | **2. s'effaroucher là-dessus :** être scandalisé par cela.

LISETTE – Il faut vous avouer, Monsieur, qu'il en était quelque chose[1].

225 ARLEQUIN – Comment donc, ma chère âme, élixir[2] de mon cœur, avez-vous entrepris la fin de ma vie ?

LISETTE – Non, mon cher ; la durée m'en est trop précieuse.

ARLEQUIN – Ah, que ces paroles me fortifient[3] !

LISETTE – Et vous ne devez point douter de ma tendresse.

230 ARLEQUIN – Je voudrais bien pouvoir baiser ces petits mots-là, et les cueillir sur votre bouche avec la mienne.

LISETTE – Mais vous me pressiez sur notre mariage, et mon père ne m'avait pas encore permis de vous répondre ; je viens de lui parler, et j'ai son aveu[4] pour vous dire que vous pouvez lui 235 demander ma main quand vous voudrez.

ARLEQUIN – Avant que je la demande à lui, souffrez que je la demande à vous ; je veux lui rendre mes grâces de la charité qu'elle aura de vouloir bien entrer dans la mienne qui en est véritablement indigne.

240 LISETTE – Je ne refuse pas de vous la prêter un moment, à condition que vous la prendrez pour toujours.

ARLEQUIN – Chère petite main rondelette et potelée, je vous prends sans marchander. Je ne suis pas en peine de l'honneur que vous me ferez ; il n'y a que celui que je vous rendrai qui 245 m'inquiète.

LISETTE – Vous m'en rendrez plus qu'il ne m'en faut.

ARLEQUIN – Ah ! que nenni ; vous ne savez pas cette arithmétique-là aussi bien que moi.

---

*notes*

1. **qu'il en était quelque chose :** qu'il y avait une part de vérité.
2. **élixir :** ce qu'il y a de plus précieux dans quelque chose.
3. **fortifient :** donnent des forces, rassurent.
4. **aveu :** accord, approbation.

250 LISETTE – Je regarde pourtant votre amour comme un présent du ciel.

ARLEQUIN – Le présent qu'il vous a fait ne le ruinera pas ; il est bien mesquin[1].

LISETTE – Je ne le trouve que trop magnifique.

ARLEQUIN – C'est que vous ne le voyez pas au grand jour.

255 LISETTE – Vous ne sauriez croire combien votre modestie m'embarrasse.

ARLEQUIN – Ne faites point dépense d'embarras ; je serais bien effronté, si je n'étais modeste.

LISETTE – Enfin, Monsieur, faut-il vous dire que c'est moi que
260 votre tendresse honore ?

ARLEQUIN – Ahi ! ahi ! je ne sais plus où me mettre.

LISETTE – Encore une fois, Monsieur, je me connais.

ARLEQUIN – Eh ! je me connais bien aussi, et je n'ai pas là une fameuse connaissance ; ni vous non plus, quand vous l'aurez
265 faite ; mais c'est là le diable[2] que de me connaître ; vous ne vous attendez pas au fond du sac[3].

LISETTE, *à part.* – Tant d'abaissement[4] n'est pas naturel. *(Haut.)* D'où vient[5] me dites-vous cela ?

ARLEQUIN – Et voilà où gît le lièvre[6].

270 LISETTE – Mais encore ? Vous m'inquiétez : est-ce que vous n'êtes pas ?...

ARLEQUIN – Ahi ! ahi ! vous m'ôtez ma couverture[7].

LISETTE – Sachons de quoi il s'agit ?

**notes**..................................................................................

**1. mesquin :** petit, médiocre.
**2. le diable :** quelque chose de terrible.
**3. au fond du sac :** au fin mot de l'affaire, à ce que vous trouverez comme ressources financières.
**4. abaissement :** humilité.

**5. D'où vient :** pourquoi (dans la langue courante).
**6. voilà où gît le lièvre :** voilà le point délicat.
**7. couverture :** fausse apparence.

ARLEQUIN, *à part.* – Préparons un peu cette affaire-là. *(Haut.)*
275 Madame, votre amour est-il d'une constitution bien robuste ?
soutiendra-t-il bien la fatigue que je vais lui donner ? un mauvais gîte lui fait-il peur ? Je vais le loger petitement.

LISETTE – Ah, tirez-moi d'inquiétude ! En un mot, qui êtes-vous ?

280 ARLEQUIN – Je suis… N'avez-vous jamais vu de fausse monnaie ? Savez-vous ce que c'est qu'un louis d'or faux ? Eh bien,
je ressemble assez à cela.

LISETTE – Achevez donc. Quel est votre nom ?

ARLEQUIN – Mon nom ? *(À part.)* Lui dirai-je que je m'appelle
285 Arlequin ? Non ; cela rime trop avec coquin.

LISETTE – Eh bien ?

ARLEQUIN – Ah dame, il y a un peu à tirer[1] ici ! Haïssez-vous la
qualité[2] de soldat ?

LISETTE – Qu'appelez-vous un soldat ?

290 ARLEQUIN – Oui, par exemple, un soldat d'antichambre[3].

LISETTE – Un soldat d'antichambre ! Ce n'est point Dorante à
qui je parle enfin ?

ARLEQUIN – C'est lui qui est mon capitaine.

LISETTE – Faquin !

295 ARLEQUIN, *à part.* – Je n'ai pu éviter la rime.

LISETTE – Mais voyez ce magot[4], tenez !

ARLEQUIN – La jolie culbute[5] que je fais là !

---

notes

**1. il y a un peu à tirer :** il faut se donner un peu de peine.
**2. qualité :** condition.
**3. antichambre :** pièce d'attente située avant les pièces d'apparat.

**4. magot :** singe.
**5. culbute :** fait de déchoir, de passer d'une situation florissante à une situation misérable.

LISETTE – Il y a une heure que je lui demande grâce, et que je m'épuise en humilités pour cet animal-là !

300 ARLEQUIN – Hélas, Madame, si vous préfériez l'amour à la gloire, je vous ferais bien autant de profit qu'un Monsieur[1].

LISETTE, *riant.* – Ah ! ah ! ah ! je ne saurais pourtant m'empêcher d'en rire, avec sa gloire, et il n'y a plus que ce parti-là à prendre… Va, va, ma gloire te pardonne, elle est de bonne 305 composition.

ARLEQUIN – Tout de bon, charitable dame ? Ah, que mon amour vous promet de reconnaissance !

LISETTE – Touche là, Arlequin ; je suis prise pour dupe. Le soldat d'antichambre de Monsieur vaut bien la coiffeuse de 310 Madame.

ARLEQUIN – La coiffeuse de Madame !

LISETTE – C'est mon capitaine ou l'équivalent.

ARLEQUIN – Masque[2] !

LISETTE – Prends ta revanche.

315 ARLEQUIN – Mais voyez cette magotte[3], avec qui, depuis une heure, j'entre en confusion[4] de ma misère !

LISETTE – Venons-en au fait. M'aimes-tu ?

ARLEQUIN – Pardi ! oui. Changeant de nom, tu n'as pas changé de visage, et tu sais bien que nous nous sommes promis fidé-320 lité en dépit de toutes les fautes d'orthographe[5].

LISETTE – Va, le mal n'est pas grand, consolons-nous ; ne faisons semblant de rien, et n'apprêtons point[6] à rire. Il y a apparence que ton maître est encore dans l'erreur à l'égard de ma

notes
..............

**1. Monsieur :** maître, homme de condition.
**2. Masque :** femme pleine de malice.
**3. magotte :** féminin forgé sur *magot*.
**4. j'entre en confusion :** je suis honteux.

**5. fautes d'orthographe :** erreurs d'appréciation (*cf.* acte II, scène V).
**6. n'apprêtons point :** ne donnons pas.

**159**

**325** maîtresse ; ne l'avertis de rien, laissons les choses comme elles sont. Je crois que le voici qui entre. Monsieur, je suis votre servante.

ARLEQUIN – Et moi votre valet, Madame. *(Riant.)* Ah ! ah ! ah !

# Scène VII     DORANTE, ARLEQUIN

DORANTE – Eh bien ! tu quittes la fille d'Orgon, lui as-tu dit qui tu étais ?

**330** ARLEQUIN – Pardi ! oui. La pauvre enfant, j'ai trouvé son cœur plus doux qu'un agneau ; il n'a pas soufflé[1]. Quand je lui ai dit que je m'appelais Arlequin, et que j'avais un habit d'ordonnance[2] : «Eh bien mon ami, m'a-t-elle dit, chacun a son nom dans la vie, chacun a son habit. Le vôtre ne vous coûte rien,
**335** cela ne laisse pas que d'être gracieux[3]. »

DORANTE – Quelle sotte histoire me contes-tu là ?

ARLEQUIN – Tant y a[4] que je vais la demander en mariage.

DORANTE – Comment ! elle consent à t'épouser ?

ARLEQUIN – La voilà bien malade.

**340** DORANTE – Tu m'en imposes[5], elle ne sait pas qui tu es.

ARLEQUIN – Par la ventrebleu ! voulez-vous gager que je l'épouse avec la casaque[6] sur le corps, avec une souguenille[7], si vous me fâchez ? Je veux bien que vous sachiez qu'un amour de ma façon n'est point sujet à la casse, que je n'ai pas besoin

notes

**1. soufflé :** protesté.
**2. d'ordonnance :** correspondant à une fonction.
**3. cela ne laisse pas que d'être gracieux :** cela est néanmoins gracieux.
**4. Tant y a :** tant il y a (tournure du parler populaire), c'est à tel point.
**5. Tu m'en imposes :** tu me dis des mensonges.
**6. casaque :** sorte de manteau de valet.
**7. souguenille :** longue blouse que les valets portent pour les gros travaux.

345 de friperie pour pousser ma pointe[1], et que vous n'avez qu'à
me rendre la mienne.

DORANTE – Tu es un fourbe : cela n'est pas concevable et je vois
bien qu'il faudra que j'avertisse Monsieur Orgon.

ARLEQUIN – Qui ? notre père ? Ah ! le bon homme ! nous
350 l'avons dans notre manche. C'est le meilleur humain, la
meilleure pâte d'homme !...Vous m'en direz des nouvelles.

DORANTE – Quel extravagant ! As-tu vu Lisette ?

ARLEQUIN – Lisette ! non. Peut-être a-t-elle passé devant mes
yeux ; mais un honnête homme ne prend pas garde à une
355 chambrière. Je vous cède ma part de cette attention-là.

DORANTE – Va-t-en, la tête te tourne.

ARLEQUIN – Vos petites manières sont un peu aisées ; mais c'est
la grande habitude[2] qui fait cela. Adieu, quand j'aurai épousé,
nous vivrons but à but[3]. Votre soubrette arrive. Bonjour,
360 Lisette, je vous recommande Bourguignon ; c'est un garçon
qui a quelque mérite.

# Scène VIII    DORANTE, SILVIA

DORANTE, *à part*. – Qu'elle est digne d'être aimée : Pourquoi
faut-il que Mario m'ait prévenu[4] ?

SILVIA – Où étiez-vous donc, Monsieur ? Depuis que j'ai quitté
365 Mario, je n'ai pu vous retrouver pour vous rendre compte de
ce que j'ai dit à Monsieur Orgon.

notes
.............................................................................................................

1. **pousser ma pointe** : aller jusqu'au bout de mon projet (expression issue de la fauconnerie).
2. **la grande habitude** : le fait de fréquenter quelqu'un constamment.
3. **but à but** : d'égal à égal.
4. **prévenu** : devancé.

DORANTE – Je ne me suis pourtant pas éloigné. Mais de quoi s'agit-il ?

SILVIA, *à part.* – Quelle froideur ! *(Haut.)* J'ai eu beau décrier votre valet et prendre sa conscience à témoin de son peu de mérite, j'ai eu beau lui représenter[1] qu'on pouvait du moins reculer le mariage, il ne m'a pas seulement écoutée : je vous avertis même qu'on parle d'envoyer chez[2] le notaire, et qu'il est temps de vous déclarer.

DORANTE – C'est mon intention. Je vais partir *incognito*[3], et je laisserai un billet qui instruira Monsieur Orgon de tout.

SILVIA, *à part.* – Partir ! ce n'est pas là mon compte[4].

DORANTE – N'approuvez-vous pas mon idée ?

SILVIA – Mais… pas trop.

DORANTE – Je ne vois pourtant rien de mieux dans la situation où je suis, à moins que de parler moi-même et je ne saurais m'y résoudre. J'ai d'ailleurs d'autres raisons qui veulent que je me retire ; je n'ai plus que faire ici.

SILVIA – Comme je ne sais pas vos raisons, je ne puis ni les approuver, ni les combattre ; et ce n'est pas moi à vous les demander.

DORANTE – Il vous est aisé de les soupçonner, Lisette.

SILVIA – Mais je pense, par exemple, que vous avez du dégoût pour la fille de Monsieur Orgon.

DORANTE – Ne voyez-vous que cela ?

SILVIA – Il y a bien encore certaines choses que je pourrais supposer ; mais je ne suis pas folle, et je n'ai pas la vanité de m'y arrêter.

notes

1. **représenter** : faire observer.
2. **chez** : quelqu'un chez.
3. ***incognito*** : sans annoncer mon départ.

4. **ce n'est pas là mon compte** : cela ne fait pas mon affaire, ne me va pas.

DORANTE – Ni le courage d'en parler ; car vous n'auriez rien
d'obligeant à me dire. Adieu, Lisette.

SILVIA – Prenez garde ; je crois que vous ne m'entendez[1] pas, je
suis obligée de vous le dire.

DORANTE – À merveille ! et l'explication ne me serait pas favo-
rable. Gardez-moi le secret jusqu'à mon départ.

SILVIA – Quoi ? Sérieusement, vous partez ?

DORANTE – Vous avez bien peur que je ne change d'avis.

SILVIA – Que vous êtes aimable d'être si bien au fait !

DORANTE – Cela est bien naïf[2]. Adieu.

*Il s'en va.*

SILVIA, *à part.* – S'il part, je ne l'aime plus, je ne l'épouserai
jamais… (*Elle le regarde aller.*) Il s'arrête pourtant ; il rêve[3], il
regarde si je tourne la tête, et je ne saurais le rappeler, moi… Il
serait pourtant singulier qu'il partît, après tout ce que j'ai
fait !… Ah ! voilà qui est fini, il s'en va, je n'ai pas tant de pouvoir sur lui que je le croyais. Mon frère est un maladroit ; il s'y
est mal pris, les gens indifférents gâtent tout. Ne suis-je pas
bien avancée ? Quel dénouement ! Dorante reparaît pourtant ;
il me semble qu'il revient. Je me dédis donc, je l'aime
encore… Feignons de sortir, afin qu'il m'arrête ; il faut bien
que notre réconciliation lui coûte quelque chose.

DORANTE, *l'arrêtant.* – Restez, je vous prie ; j'ai encore quelque
chose à vous dire.

SILVIA – À moi, Monsieur ?

DORANTE – J'ai de la peine à partir sans vous avoir convaincue
que je n'ai pas tort de le faire.

passage analysé

notes

1. **m'entendez :** me comprenez.
2. **naïf :** dit avec spontanéité.

3. **rêve :** médite, réfléchit.

SILVIA – Eh! Monsieur, de quelle conséquence est-il de vous justifier auprès de moi? Ce n'est pas la peine; je ne suis qu'une suivante, et vous me le faites bien sentir.

425 DORANTE – Moi, Lisette! est-ce à vous de vous plaindre, vous qui me voyez prendre mon parti[1] sans me rien dire?

SILVIA – Hum! si je voulais, je vous répondrais bien là-dessus.

DORANTE – Répondez donc, je ne demande pas mieux que de me tromper. Mais que dis-je? Mario vous aime.

SILVIA – Cela est vrai.

430 DORANTE – Vous êtes sensible à son amour; je l'ai vu par l'extrême envie que vous aviez tantôt que je m'en allasse; ainsi, vous ne sauriez m'aimer.

SILVIA – Je suis sensible à son amour! qui est-ce qui vous l'a dit? Je ne saurais vous aimer: qu'en savez-vous? Vous décidez bien 435 vite.

DORANTE – Eh bien! Lisette, par tout ce que vous avez de plus cher au monde, instruisez-moi de ce qui en est, je vous en conjure.

SILVIA – Instruire un homme qui part!

440 DORANTE – Je ne partirai point.

SILVIA – Laissez-moi. Tenez, si vous m'aimez, ne m'interrogez point. Vous ne craignez que mon indifférence, et vous êtes trop heureux que je me taise. Que vous importent mes sentiments?

445 DORANTE – De ce qu'ils m'importent, Lisette? peux-tu douter encore que je ne t'adore?

SILVIA – Non, et vous me le répétez si souvent que je vous crois; mais pourquoi m'en persuadez-vous? que voulez-vous que je

note

| **1. mon parti:** ma décision.

**164**

fasse de cette pensée-là, Monsieur ? Je vais vous parler à cœur
450 ouvert. Vous m'aimez, mais votre amour n'est pas une chose
bien sérieuse pour vous ; que de ressources n'avez-vous pas
pour vous en défaire ! La distance qu'il y a de vous à moi,
mille objets[1] que vous allez trouver sur votre chemin, l'envie
qu'on aura de vous rendre sensible, les amusements d'un
455 homme de votre condition, tout va vous ôter cet amour dont
vous m'entretenez impitoyablement. Vous en rirez peut-être
au sortir d'ici, et vous aurez raison. Mais moi, Monsieur, si je
m'en ressouviens, comme j'en ai peur, s'il m'a frappée, quel
secours aurai-je contre l'impression qu'il m'aura faite ? Qui
460 est-ce qui me dédommagera de votre perte ? Qui voulez-vous
que mon cœur mette à votre place ? Savez-vous bien que si je
vous aimais, tout ce qu'il y a de plus grand dans le monde ne
me toucherait plus ? Jugez donc de l'état où je resterais. Ayez
la générosité[2] de me cacher votre amour. Moi qui vous parle,
465 je me ferais un scrupule de vous dire que je vous aime, dans
les dispositions où vous êtes. L'aveu de mes sentiments pourrait exposer[3] votre raison, et vous voyez bien aussi que je vous
les cache.

DORANTE – Ah, ma chère Lisette, que viens-je d'entendre ? tes
470 paroles ont un feu[4] qui me pénètre. Je t'adore, je te respecte ; il
n'est ni rang, ni naissance, ni fortune qui ne disparaisse devant
une âme comme la tienne. J'aurais honte que mon orgueil tînt
encore contre toi, et mon cœur et ma main t'appartiennent.

SILVIA – En vérité, ne mériteriez-vous pas que je les prisse ? ne
475 faut-il pas être bien généreuse[5] pour vous dissimuler le plaisir
qu'ils me font, et croyez-vous que cela puisse durer ?

DORANTE – Vous m'aimez donc ?

*passage analysé*

**notes**
1. **objets** : personnes aimables.
2. **la générosité** : la bonté, le souci.
3. **exposer** : mettre en danger.
4. **un feu** : une ardeur, un pouvoir de persuasion.
5. **généreuse** : noble de cœur.

SILVIA – Non, non ; mais si vous me le demandez encore, tant pis pour vous.

480 DORANTE – Vos menaces ne me font point de peur.

SILVIA – Et Mario, vous n'y songez donc plus ?

DORANTE – Non, Lisette ; Mario ne m'alarme plus, vous ne l'aimez point, vous ne pouvez plus me tromper ; vous avez le cœur vrai[1], vous êtes sensible à ma tendresse : je ne saurais en 485 douter au transport[2] qui m'a pris, j'en suis sûr, et vous ne sauriez plus m'ôter cette certitude-là.

SILVIA – Oh ! je n'y tâcherai point[3], gardez-la ; nous verrons ce que vous en ferez.

DORANTE – Ne consentez-vous pas d'être à moi ?

490 SILVIA – Quoi ! vous m'épouserez malgré ce que vous êtes, malgré la colère d'un père, malgré votre fortune ?

DORANTE – Mon père me pardonnera dès qu'il vous aura vue ; ma fortune nous suffit à tous deux, et le mérite vaut bien la naissance. Ne disputons[4] point, car je ne changerai jamais.

495 SILVIA – Il ne changera jamais ! Savez-vous bien que vous me charmez, Dorante ?

DORANTE – Ne gênez[5] donc plus votre tendresse, et laissez-la répondre…

SILVIA – Enfin, j'en suis venue à bout ; vous… vous ne changerez 500 jamais ?

DORANTE – Non, ma chère Lisette.

SILVIA – Que d'amour !

**suite, p. 178**

*passage analysé*

---

notes

| | | |
|---|---|---|
| **1. vrai :** sincère. | **3. je n'y tâcherai point :** je ne me donnerai pas de peine pour cela. | **4. disputons :** discutons. |
| **2. au transport :** à la vive émotion. | | **5. gênez :** bridez. |

C'est la dernière scène importante. Bien que l'issue ne fasse pas de doute, le ton général est bien sérieux. Tout doit se dire maintenant ou jamais.

Silvia et le spectateur assistent au combat que se livrent, en Dorante, amour et raison. Ce combat est bien prêt de tourner court, quand il décide de fuir. Un jeu de scène, muet pour Dorante et décrit par Silvia, résout tout. La cruauté de Silvia envers Dorante s'exerce également envers elle-même : elle est prête à le perdre s'il échoue à l'épreuve qu'elle lui impose.

L'émotion survient quand Silvia s'oblige à poursuivre, malgré son amour, le « jeu ». L'épreuve infligée à Dorante est devenue une épreuve pour les deux amoureux. Dans cette scène, Marivaux crée des mouvements de balancier entre cœur et raison : sitôt qu'un personnage se sent entraîné dans une direction, une énergie nouvelle le surprend et l'entraîne dans une autre.

## La maîtrise du plateau

Le metteur en scène de théâtre dispose du plateau comme il l'entend. Les déplacements des acteurs, vers la gauche (le *jardin*) ou la droite (la *cour*), vers le fond (le *lointain*) ou l'avant-scène (la *face*), sont utilisés comme des signes que le spectateur perçoit plus ou moins consciemment. Il en est de même de l'occupation de l'espace par un personnage au détriment d'un autre, de l'aisance des déplacements, etc. L'écriture de la pièce suggère des déplacements ou des instants d'immobilité : longues tirades et interruptions mettent le spectateur en attente d'une révélation importante.

Silvia, de toute évidence, désire maîtriser la scène. De même qu'elle dirige la conversation comme elle l'entend, elle occupe l'espace scénique à son avantage : n'oublions pas qu'elle est chez elle. Quand Dorante décide de partir, d'abandonner le plateau, il quitte son espace d'influence ; elle ne peut rien faire pour le retenir, sinon espérer.

......................... **La composition de la scène** .........................

❶ En quoi la longueur de certaines tirades de Silvia rend-elle la scène sérieuse ?

❷ En quoi le monologue de Silvia rompt-il la fluidité de la scène ?

❸ Que signifie la fausse sortie de Dorante ?

# Le monologue de Silvia

Le monologue est une pure convention théâtrale : le personnage exprime tout haut ses pensées, adressées directement au spectateur. Dans son monologue, Silvia s'abandonne à sa tristesse, seule, laissant l'émotion l'envahir. Elle considère d'abord toute l'opération comme un échec, accusant son frère de maladresse. Mais aussitôt que Dorante revient, Silvia reprend le jeu : « *Feignons de sortir, afin qu'il m'arrête.* » Silvia refuse de rendre les armes : elle sait qu'elle est maîtresse du jeu tant que dure le jeu.

......................... **Lire dans les pensées** .........................

❹ Comment Marivaux décrit-il la succession des pensées de Silvia ?

❺ Pourquoi Silvia revient-elle sur le passé ?

❻ Pourquoi Silvia décide-t-elle cette dernière feinte ?

❼ Pourquoi Dorante n'a-t-il pas de monologue ?

# La fin du jeu

À cet instant du spectacle, Dorante reste le dernier ignorant : Arlequin et Lisette ont tombé le masque. Silvia l'avait laissé sur un mensonge : le prétendu amour de Mario pour elle-même. Elle vient recueillir les effets de ce mensonge après maturation. On retrouve là l'expérimentation scientifique. Mais le masque ne tient plus très bien. Après avoir vu Dorante revenir, Silvia se voit contrainte de lâcher un peu de vérité, sur ses sentiments envers Dorante ; et pourtant elle refuse de lâcher le jeu. Elle n'avouera même pas la vérité à Dorante, mais à Orgon dans la dernière scène. Silvia, qui a inventé le jeu, se tait avec lui.

...................................... **Double jeu** ......................................

**8** Dans les tirades de Silvia, quelles sont les paroles à double sens ?

**9** Pourquoi Silvia ne se dévoile-t-elle pas à Dorante ?

**10** À quel instant s'achève le jeu ? (Scène 9.)

**Scène de marivaudage : la promenade du soir. Gravure de Freudeberg (France, XVIII siècle), Bibliothèque des Arts Décoratifs.**

# La déclaration d'amour

## Lectures croisées et travaux d'écriture

**S**ilvia ne déclare à aucun moment son amour à Dorante. Elle garde ainsi la maîtrise de son destin. La déclaration d'amour serait-elle un aveu de faiblesse ?

La littérature s'est naturellement emparée de cet instant d'exception. Lettres enflammées, poésies, promesses de passion éternelle, il semble que l'amoureux – ou, plus rarement, l'amoureuse – trouve dans le subterfuge de l'écrit un moyen d'utiliser des expressions que la langue timide n'oserait pas prononcer.

La déclaration d'amour a une double fonction : celle, évidente, d'informer l'objet aimé de l'existence de cet amour ; celle, plus difficile, de lui plaire, en trouvant les mots qui vont émouvoir. Les ennemis à vaincre s'appellent donc *indifférence* et, pire encore pour l'orgueil, *pitié*. Aussi le déclarant cherche-t-il le contexte qui ne le mettra pas en situation défavorable.

Le déclarant affronte une épreuve dans laquelle chaque mot compte et peut être le dernier ; il ne la subit pas : pour gagner, il doit demeurer un vainqueur possible.

**Texte A : Scène 8 de l'acte III du *Jeu de l'amour et du hasard*
de Marivaux (pp. 161 à 166)**

**Texte B : Jean Racine, *Phèdre***
*Phèdre aime d'un amour impossible et interdit Hippolyte, fils de son époux Thésée. Après avoir vainement tenté de surmonter sa passion, elle se déclare à Hippolyte.*

PHÈDRE

          Ah ! cruel, tu m'as trop entendue.
Je t'en ai dit assez pour te tirer d'erreur.
Hé bien ! connais donc Phèdre et toute sa fureur.
J'aime. Ne pense pas qu'au moment que je t'aime,

Innocente à mes yeux je m'approuve moi-même,
Ni que du fol amour qui trouble ma raison
Ma lâche complaisance ait nourri le poison.
Objet infortuné des vengeances célestes,
Je m'abhorre encor plus que tu ne me détestes.
Les Dieux m'en sont témoins, ces Dieux qui dans mon flanc
Ont allumé le feu fatal à tout mon sang,
Ces Dieux qui se sont fait une gloire cruelle
De séduire le cœur d'une faible mortelle.
Toi-même en ton esprit rappelle le passé.
C'est peu de t'avoir fui, cruel, je t'ai chassé.
J'ai voulu te paraître odieuse, inhumaine.
Pour mieux te résister, j'ai recherché ta haine.
De quoi m'ont profité mes inutiles soins ?
Tu me haïssais plus, je ne t'aimais pas moins.
Tes malheurs te prêtaient encor de nouveaux charmes.
J'ai langui, j'ai séché, dans les feux, dans les larmes.
Il suffit de tes yeux pour t'en persuader,
Si tes yeux un moment pouvaient me regarder.
Que dis-je ? Cet aveu que je viens de te faire,
Cet aveu si honteux, le crois-tu volontaire ?
Tremblante pour un fils que je n'osais trahir,
Je te venais prier de ne le point haïr.
Faibles projets d'un cœur trop plein de ce qu'il aime !
Hélas ! je n'ai pu te parler que de toi-même.
Venge-toi, punis-moi d'un odieux amour.
Digne fils du héros qui t'a donné le jour,
Délivre l'univers d'un monstre qui t'irrite.
La veuve de Thésée[1] ose aimer Hippolyte !
Crois-moi, ce monstre affreux ne doit point t'échapper.
Voilà mon cœur. C'est là que ta main doit frapper.
Impatient déjà d'expier son offense,
Au-devant de ton bras je le sens qui s'avance.
Frappe. Ou si tu le crois indigne de tes coups,
Si ta haine m'envie un supplice si doux,
Ou si d'un sang trop vil ta main serait trempée,
Au défaut de ton bras prête-moi ton épée.
Donne.

Jean Racine, *Phèdre*, scène 5 de l'acte II, 1677.

**1.** Phèdre a épousé Thésée, père d'Hippolyte.

## Texte C : Marivaux, *Le Spectateur français*

*Dans ses nombreux articles de journaux, Marivaux écrit des dialogues imaginaires, des chroniques, et dresse des portraits. Ici, il dialogue avec un cynique.*

– [...] Mais, répondis-je, quoique vous puissiez dire, l'amour se déclare ; une femme vertueuse le reconnaît et lui impose silence.

– Oui, dit-il, elle lui impose silence, bien moins parce qu'elle le hait, que parce qu'elle s'est fait un principe de le haïr et de le craindre. Elle lui résiste donc ; cela est dans les règles ; mais en résistant, elle entre insensiblement dans un esprit d'aventures, elle se complaît dans les sentiments vertueux qu'elle oppose ; ils lui font comme une espèce de roman noble qui l'attache et dont elle aime à être l'héroïne. Cependant un amant demande pardon d'avoir parlé, et en le demandant il recommence. Bientôt elle excuse son amour comme innocent, ensuite elle le plaint comme malheureux, elle l'écoute comme flatteur, elle l'admire comme généreux, elle l'exhorte à la vertu et, en l'y exhortant, elle engage la sienne, elle n'en a plus. Dans cet état, il lui reste encore le plaisir d'en regretter noblement la perte ; elle va gémir avec élévation ; la dignité de ses remords va la consoler de sa chute. Il est vrai qu'elle est coupable, mais elle l'est du moins avec décence, moyennant le cérémonial des pleurs qu'elle en verse ; sa faiblesse même s'augmente des reproches qu'elle s'en fait. Tout ce qu'elle eut de sentiments pour sa vertu passe au profit de sa passion, et enfin il n'est point d'égarements dont elle ne soit capable avec un cœur de la trempe du sien, avec un cœur noble et vertueux. Une jeune femme comme celle-là, quand on lui parle d'amour, n'a point d'autre parti à prendre que de fuir. La poursuit-on ? Qu'elle éclate ! Si elle s'amuse à se scandaliser tout bas du compliment qu'on lui fait, l'air soumis d'un amant la gagne, son ton pénétré la blesse, et je la garantis perdue quinze jours après.

Marivaux, *Le Spectateur français*, dixième feuille, 1721.

## Texte D : Marivaux, *L'Indigent philosophe*

*L'Indigent philosophe est un autre journal créé par Marivaux. Dans cet extrait, il se pose en homme détaché du monde et de ses folies.*

Allez dire à une femme que vous trouvez aimable et pour qui vous sentez de l'amour : *Madame, je vous désire beaucoup, vous me feriez grand plaisir de m'accorder vos faveurs.* Vous l'insulterez : elle vous appellera brutal.

Mais dites-lui tendrement : *Je vous aime, madame, vous avez mille charmes à mes yeux.* Elle vous écoute, vous la réjouissez, vous tenez le discours d'un homme galant.

C'est pourtant lui dire la même chose; c'est précisément lui faire le même compliment: il n'y a que le tour de changé; et elle le sait bien, qui pis est.

Non, me répondrez-vous, elle ne le sait pas, elle ne l'entend pas ainsi.

Et moi je vous dis qu'elle ne saurait l'entendre autrement, et que je défie de s'y tromper.

Rien de ce qu'il y a de grossier dans ce *Je vous aime* ne lui échappe. Vous dirais-je plus? c'est ce grossier même qui fait le mérite de la chose, qui rend la déclaration si piquante et si flatteuse; elle n'est de conséquence qu'à cause de cela.

Cette prude n'en baisse les yeux, ou n'en paraît effarouchée, que parce qu'elle est au fait. Cette dévote ne rougit, ne s'enfuit, ou ne se fâche, que parce qu'elle y est aussi.

Celle-ci s'y méprend-elle, qui en redouble de minauderies, pour en avoir plus de charmes? N'est-ce pas en l'honneur de la chose qu'elle se rend les yeux tantôt si doux, tantôt si vifs?

Que veut dire celle-là, quand elle ôte son gant, pour vous montrer une belle main qu'elle a? Si elle ne vous entend pas, que vient faire là cette main?

Je le répète encore: toute femme entend qu'on la désire, quand on lui dit: *Je vous aime*; et ne vous sait bon gré du *Je vous aime*, qu'à cause qu'il signifie: *Je vous désire*.

Il le signifie poliment, j'en conviens. Le vrai sens de ce discours-là est impur; mais les expressions en sont honnêtes, et la pudeur vous passe le sens en faveur des paroles.

Quand le vice parle, il est d'une grossièreté qui révolte; mais qu'il paraît aimable, quand la galanterie traduit ce qu'il veut dire!

Toutes ces traductions-là n'épargnent que les oreilles d'une femme; car son âme n'en est pas la dupe.

Marivaux, *L'Indigent philosophe*, première feuille, janvier 1734.

## Texte E: Choderlos de Laclos, *Les Liaisons dangereuses*

*Les Liaisons dangereuses est un roman par lettres. Le vicomte de Valmont, homme cruel et libertin, a décidé de séduire l'innocente présidente de Tourvel.*

### LE VICOMTE DE VALMONT À LA PRÉSIDENTE DE TOURVEL

De grâce, Madame, renouons cet entretien si malheureusement rompu! Que je puisse achever de prouver combien je diffère de l'odieux portrait qu'on vous avait fait de moi; que je puisse, surtout, jouir encore de cette aimable confiance que vous commenciez à me témoigner ! Que de charmes vous savez prêter à la vertu ! comme vous embellissez et faites chérir tous les sentiments honnêtes ! Ah ! c'est là votre séduction ; c'est la plus forte ; c'est la seule qui soit, à la fois, puissante et respectable.

Sans doute il suffit de vous voir, pour désirer de vous plaire ; de vous entendre dans le cercle, pour que ce désir augmente. Mais celui qui a le bonheur de vous connaître davantage, qui peut quelquefois lire dans votre âme, cède bientôt à un plus noble enthousiasme, et, pénétré de vénération comme d'amour, adore en vous l'image de toutes les vertus. Plus fait qu'un autre, peut-être, pour les aimer et les suivre, entraîné par quelques erreurs qui m'avaient éloigné d'elles, c'est vous qui m'en avez rapproché, qui m'en avez de nouveau fait sentir tout le charme : me ferez-vous un crime de ce nouvel amour ? blâmerez-vous votre ouvrage ? Vous reprocheriez-vous même l'intérêt que vous pourriez y prendre ? Quel mal peut-on craindre d'un sentiment si pur, et quelles douceurs n'y aurait-il pas à le goûter ?

Mon amour vous effraie, vous le trouvez violent, effréné ? Tempérez-le par un amour plus doux ; ne refusez pas l'empire que je vous offre, auquel je jure de ne jamais me soustraire, et qui, j'ose le croire, ne serait pas entièrement perdu pour la vertu. Quel sacrifice pourrait me paraître pénible, sûr que votre cœur m'en garderait le prix ? Quel est donc l'homme assez malheureux pour ne pas savoir jouir des privations qu'il s'impose ; pour ne pas préférer un mot, un regard accordés, à toutes les jouissances qu'il pourrait ravir ou surprendre ! et vous avez cru que j'étais cet homme-là ! et vous m'avez craint ! Ah ! pourquoi votre bonheur ne dépend-il pas de moi ? comme je me vengerais de vous, en vous rendant heureuse. Mais ce doux empire, la stérile amitié ne le produit pas ; il n'est dû qu'à l'amour.

Ce mot vous intimide ! et pourquoi ? un attachement plus tendre, une union plus forte, une seule pensée, le même bonheur comme les mêmes peines, qu'y a-t-il donc là d'étranger à votre âme ? Tel est pourtant l'amour ! tel est au moins celui que vous inspirez et que je ressens !

Choderlos de Laclos, Les Liaisons dangereuses, lettre LXXXIII, 1782.

## Texte F : Victor Hugo, *Ruy Blas*

*Ruy Blas, homme du peuple, se fait passer pour un noble disparu. Il devient ministre grâce à l'appui de la reine d'Espagne, qu'il aime en secret. Au cours d'un conseil, il insulte les grands d'Espagne et les accuse de corruption. Cachée derrière un rideau, la Reine n'a rien perdu de ce discours.*

**LA REINE**

Je vous voyais. Votre œil, irrité, sans furie,
Les foudroyait d'éclairs, et vous leur disiez tout.
Vous me sembliez seul être resté debout !
Mais où donc avez-vous appris toutes ces choses ?
D'où vient que vous savez les effets et les causes ?
Vous n'ignorez donc rien ? D'où vient que votre voix
Parlait comme devrait parler celle des rois ?
Pourquoi donc étiez-vous comme eût été Dieu même,
Si terrible et si grand ?

**RUY BLAS**

                Parce que je vous aime !
Parce que je sens bien, moi qu'ils haïssent tous,
Que ce qu'ils font crouler s'écroulera sur vous !
Parce que rien n'effraie une ardeur si profonde,
Et que pour vous sauver je sauverais le monde !
Je suis un malheureux qui vous aime d'amour.
Hélas ! je pense à vous comme l'aveugle au jour.
Madame, écoutez-moi. J'ai des rêves sans nombre.
Je vous aime de loin, d'en bas, du fond de l'ombre ;
Je n'oserais toucher le bout de votre doigt,
Et vous m'éblouissez comme un ange qu'on voit !
– Vraiment, j'ai bien souffert. Si vous saviez, madame !
Je vous parle à présent. Six mois, cachant ma flamme,
J'ai fui. Je vous fuyais et je souffrais beaucoup.
Je ne m'occupe pas de ces hommes du tout,
Je vous aime ! – Ô mon Dieu, j'ose le dire en face
À Votre Majesté. Que faut-il que je fasse ?
Si vous me disiez : Meurs ! je mourrais. J'ai l'effroi
Dans le cœur. Pardonnez !

**LA REINE**

                Oh ! parle ! ravis-moi !
Jamais on ne m'a dit ces choses-là. J'écoute !
Ton âme en me parlant me bouleverse toute.
J'ai besoin de tes yeux, j'ai besoin de ta voix.
Oh ! c'est moi qui souffrais ! Si tu savais ! cent fois,
Cent fois, depuis six mois que ton regard m'évite…

– Mais non, je ne dois pas dire cela si vite.
Je suis bien malheureuse. Oh ! je me tais. J'ai peur !

RUY BLAS *qui l'écoute avec ravissement.*
Oh ! madame, achevez ! vous m'emplissez le cœur !

LA REINE
Eh bien, écoute donc !

*Levant les yeux au ciel.*

           Oui, je vais tout lui dire,
Est-ce un crime ? Tant pis ! Quand le cœur se déchire,
Il faut bien laisser voir tout ce qu'on y cachait.

Victor Hugo, *Ruy Blas*, scène 3 de l'acte III, 1838.

**Dorante (Simon Eine) face au jeu de Silvia (Béatrice Agenin),
mise en scène de Jean-Paul Roussillon.**

---

**Corpus**

**Texte A :** Scène 8 de l'acte III du *Jeu de l'amour et du hasard* de Marivaux (pp. 161 à 166).
**Texte B :** Extrait de la scène 5 de l'acte II de *Phèdre* de Jean Racine (pp. 170-171).
**Texte C :** Extrait d'un article du *Spectateur français* de Marivaux (p. 172).
**Texte D :** Article de *L'Indigent philosophe* de Marivaux (pp. 172-173).
**Texte E :** Extrait de la lettre LXXXIII des *Liaisons dangereuses* de Choderlos de Laclos (pp. 173-174).
**Texte F :** Extrait de la scène 3 de l'acte III de *Ruy Blas* de Victor Hugo (pp. 175-176).

---

## Examen des textes

❶ Dans le texte B, Phèdre espère-t-elle l'amour d'Hippolyte ?
❷ Quelle est la fonction du dialogue dans le texte C ?
❸ Le texte D est-il cynique ? Justifiez votre réponse.
❹ En quoi Marivaux oppose-t-il libertinage et sincérité dans les textes C et D ?
❺ Comment Valmont utilise-t-il les clichés du langage amoureux (texte E) ?

## Travaux d'écriture

### Question préliminaire
En comparant les textes du corpus, étudiez la part du vocabulaire lié au combat et à la violence.

### Commentaire
Vous commenterez l'extrait de *Ruy Blas* de Victor Hugo (texte F).

### Dissertation
En littérature, la sincérité est-elle toujours séduisante ? Vous appuierez vos réponses par des exemples tirés du corpus et de vos lectures personnelles.

### Écriture d'invention
Composez, en prose, une déclaration adressée à un être inaccessible.

# Scène dernière

MONSIEUR ORGON, SILVIA,
DORANTE, LISETTE,
ARLEQUIN, MARIO

SILVIA – Ah, mon père, vous avez voulu que je fusse à Dorante : venez voir votre fille vous obéir avec plus de joie qu'on n'en eut jamais.

DORANTE – Qu'entends-je ! vous son père, Monsieur ?

SILVIA – Oui, Dorante ; la même idée de nous connaître nous est venue à tous deux. Après cela, je n'ai plus rien à vous dire ; vous m'aimez, je n'en saurais douter, mais à votre tour jugez de mes sentiments pour vous, jugez du cas que j'ai fait de votre cœur par la délicatesse avec laquelle j'ai tâché de l'acquérir.

MONSIEUR ORGON – Connaissez-vous cette lettre-là ? Voilà par où j'ai appris votre déguisement, qu'elle n'a pourtant su que par vous.

DORANTE – Je ne saurais vous exprimer mon bonheur, Madame ; mais ce qui m'enchante le plus, ce sont les preuves que je vous ai données de ma tendresse.

MARIO – Dorante me pardonne-t-il la colère où j'ai mis Bourguignon ?

DORANTE – Il ne vous la pardonne pas, il vous en remercie.

ARLEQUIN – De la joie, Madame ! Vous avez perdu votre rang, mais vous n'êtes point à plaindre, puisque Arlequin vous reste.

LISETTE – Belle consolation ! il n'y a que toi qui gagnes à cela.

ARLEQUIN – Je n'y perds pas. Avant notre connaissance, votre dot valait mieux que vous ; à présent, vous valez mieux que votre dot. Allons, saute, marquis ![1]

note
........................................................................................................

**1. Allons, saute, marquis !** : expression de la joie ; voir Regnard (*Le Joueur*, IV, IX) : « *Eh bien, marquis, tu vois, tout rit à ton mérite / Le rang, le cœur, le bien, tout pour toi sollicite ; / Tu dois être content de toi par tout pays ; / On le serait à moins : allons, saute, marquis... »*

**178**

Mademoiselle Silvia, d'après F. de Troy.

# Le Jeu de l'amour et du hasard : bilan de première lecture

❶ Pourquoi Silvia décide-t-elle de se travestir ?

❷ Pourquoi Orgon accepte-t-il le dessein de sa fille ?

❸ Qui est Bourguignon ?

❹ Comment Arlequin entre-t-il en scène ?

❺ Qui est Mario ?

❻ Pourquoi Orgon demande-t-il le départ de Bourguignon ?

❼ Pourquoi Silvia est-elle irritée en fin d'acte II ?

❽ À quel jeu se livre Mario vis-à-vis de Bourguignon ?

❾ Qu'est-ce qui retient Dorante d'épouser Lisette ?

❿ Qui est le premier à avouer sa véritable identité ?

⓫ Pourquoi Silvia veut-elle continuer le jeu ?

⓬ Comment se résout l'intrigue ?

⓭ Qui a le dernier mot de la pièce ?

# Le Jeu de l'amour et du hasard : un comédie au siècle des lumières

# schéma dramatique

## Exposition

| Acte I | Personnages | Action |
|--------|-------------|--------|
| Scène I | *Silvia, Lisette* | Silvia s'inquiète de son mariage arrangé par son père. Elle cite des exemples de maris brutaux ou désagréables avec leurs femmes, qui paraissent courtois en dehors de chez eux. Portrait de Dorante par Lisette. |
| Scène II | *Silvia, Lisette, Orgon* | Orgon annonce l'arrivée de Dorante. Décision d'échanger les rôles entre Silvia et Lisette. |
| Scène III | *Mario, Orgon, Silvia* | Rapide présentation de Mario. |
| Scène IV | *Orgon, Mario* | Mario apprend le projet qu'a Dorante d'arriver déguisé en son valet. |
| Scène V | *Silvia, Orgon, Mario* | Silvia déguisée attend Dorante avec excitation. |

## Premières rencontres

| Acte I | Personnages | Action |
|--------|-------------|--------|
| Scène VI | *Dorante, Orgon, Silvia, Mario* | Première rencontre des fiancés déguisés, en présence de Mario et Orgon. |
| Scène VII | *Silvia, Dorante* | Premiers aveux de Dorante. Silvia intéressée par le jeune homme. |
| Scène VIII | *Dorante, Silvia, Arlequin* | Arlequin entre, déguisé en Dorante, et déplaît fortement à Silvia. |
| Scène IX | *Dorante, Arlequin* | Le comportement vulgaire d'Arlequin provoque la colère de Dorante. |
| Scène X | *Orgon, Dorante, Arlequin* | Arlequin fait des politesses bouffonnes à Orgon. |

## Intermède comique

| Acte II | Personnages | Action |
|---------|-------------|--------|
| Scène I | *Lisette, Orgon* | Orgon ordonne à Lisette de poursuivre le jeu, quitte à séduire celui qu'elle prend pour Dorante. |
| Scène II | *Lisette, Arlequin, Orgon* | Orgon laisse Arlequin et Lisette en tête à tête. |
| Scène III | *Arlequin, Lisette* | Arlequin déclare sa flamme à Lisette en usant d'un langage précieux comique. |
| Scène IV | *Dorante, Arlequin, Lisette* | Dorante tente de modifier le comportement d'Arlequin. |
| Scène V | *Arlequin, Lisette* | Lisette poursuit la scène 3 en répondant à l'amour d'Arlequin. |

## schéma dramatique

### Silvia bouleversée

| Acte II | Personnages | Action |
|---|---|---|
| Scène VI | Lisette, Arlequin, Silvia | Silvia interrompt leur scène pour parler à Lisette, provoquant l'impatience bouffonne d'Arlequin. |
| Scène VII | Lisette, Silvia | Silvia se met en colère contre Lisette, qui défend Arlequin. |
| Scène VIII | Silvia | Silvia s'indigne des paroles de Lisette, et repousse des pensées qui lui viennent envers «Bourguignon». |
| Scène IX | Silvia, Dorante | Dorante exprime sa passion et son désespoir. Silvia tente de le décourager, sans y parvenir. Dorante se jette à ses genoux… |
| Scène X | Silvia, Dorante, Orgon, Mario | … quand Mario et Orgon les surprennent. Ils demandent à Dorante de sortir. |
| Scène XI | Silvia, Orgon, Mario | Silvia demande à cesser le jeu. Mario et Orgon constatent son émotion «anormale». |
| Scène XII | Dorante, Silvia | Dorante se dévoile. Silvia décide de continuer le jeu. |

### L'épreuve

| Actes II et III | Personnages | Action |
|---|---|---|
| Scène XIII | Silvia, Mario | Silvia demande à Mario de feindre d'avoir de l'amour pour elle. |
| Scène I | Dorante, Arlequin | Dorante exige qu'Arlequin se démasque auprès de Lisette. |
| Scène II | Mario, Dorante | Mario vient défier Dorante, se posant en rival jaloux. |
| Scène III | Silvia, Dorante, Mario | Dorante est humilié par Mario. Il s'inquiète de l'attitude de Silvia. |
| Scène IV | Orgon, Mario, Silvia | Silvia laisse éclater sa joie. Elle est sûre que Dorante va demander sa main malgré son déguisement. |
| Scène V | Orgon, Silvia, Mario, Lisette | Lisette obtient la permission de tous d'épouser celui qu'elle prend pour Dorante. |
| Scène VI | Lisette, Arlequin | Arlequin et Lisette se démasquent et rient de l'aventure. |
| Scène VII | Dorante, Arlequin | Arlequin fait croire à Dorante qu'il va épouser Silvia. |
| Scène VIII | Dorante, Silvia | Silvia et Dorante s'avouent leur amour. Dorante demande la main de Silvia déguisée. Elle ne se dévoile pas. |

### Dénouement

| Acte III | Personnages | Action |
|---|---|---|
| Scène IX | Silvia, Dorante, Lisette, Arlequin, Mario, Orgon | Dénouement général. |

# Genèse et circonstances de représentation

## L'esprit d'observation

Toute sa vie, Marivaux a su rester secret. Avare de confidences sur sa vie privée, peu enclin à donner des conseils ou, contrairement à ce qu'on pourrait croire, à briller dans les salons, il a toujours souhaité être un observateur de son temps. Son travail de journalisme, qui l'occupait pleinement au moment où il achevait *Le Jeu de l'amour et du hasard*, lui a permis d'expliquer cette attitude: «*Je ne sais point créer, je sais seulement surprendre en moi les pensées que le hasard me fait, et je serais fâché d'y mettre rien du mien.* [...] *Mon dessein n'est de penser ni bien ni mal, mais simplement de recueillir fidèlement ce qui me vient d'après le tour d'imagination que me donnent les choses que je vois ou que j'entends.* [...] *Je suis né d'une manière que tout me devient une matière de réflexion; c'est comme une philosophie de tempérament que j'ai reçue, et que le moindre objet met en exercice*» (*Le Spectateur français*, première feuille, 29 mai 1721). Les articles de Marivaux fourmillent d'anecdotes et de réparties fournies par ses contemporains: elles seront matière pour son théâtre.

Le 23 janvier 1730, les comédiens-italiens de Paris lèvent le rideau de leur théâtre de l'Hôtel de Bourgogne pour la «première» du *Jeu de l'amour et du hasard*. La collaboration des Italiens avec Marivaux dure depuis dix ans; l'auteur français a trouvé dans cette troupe des acteurs qu'il apprécie et à qui il doit ses plus grands succès. Pour Marivaux, la pièce succède à des œuvres aux thèmes bien différents: les «utopies» de *L'Île de la raison* et de *L'Île des esclaves*, et cette variation sur un thème déjà abordé qu'est *La Seconde Surprise de l'amour*.

Avec *Le Jeu de l'amour et du hasard*, Marivaux propose une comédie légère, d'apparence futile, en tout cas dépourvue de grands débats philosophiques.

# Le thème

Le travestissement est un thème classique du théâtre. Le déguisement des dieux grecs descendus sur Terre pour séduire les mortelles a donné de nombreux *Amphitryon*, depuis l'Antiquité jusqu'à Molière. Il s'agit là de déguisements pour séduire, pour tromper.

Le travestissement peut aussi servir à se moquer des personnages que l'on imite. Dans *Les Précieuses ridicules*, Molière met sur scène le valet Mascarille déguisé en maître pour séduire la jeune fille de la maison. Mais chez Molière, contrairement à Marivaux, les sentiments n'interviennent pas du tout. Personne n'aime personne. Aussi Mascarille ne se prend-il pas au sérieux. Il singe les manières galantes des petits marquis, et les précieuses se font berner par ce langage.

Plus précisément, le thème du valet déguisé en maître a été exploré par des précurseurs de Marivaux à maintes reprises. Dans *Le Galant coureur* de Legrand (1722), deux domestiques prennent les places de leurs maîtres pour étudier la partie adverse. Dans *Le Portrait* de Beauchamps, présenté par les Italiens en 1727, la jeune fille, Silvia, prend la place de sa suivante, Colombine, dans le but de décourager le fiancé que son père lui impose. Enfin, dans *Les Amants déguisés* d'Aunillon (1728), on retrouve

**À retenir**

**Le travestissement** est au centre de nombreuses pièces de théâtre, de l'Antiquité à Molière.

exactement la même histoire que dans *Le Jeu de l'amour et du hasard* : deux couples qui intervertissent leurs rôles. Le thème a été plusieurs fois utilisé par Marivaux lui-même dans les années d'avant 1730. Dans *L'Île des esclaves*, pour ne citer que cette œuvre, deux maîtres et deux esclaves débarquent sur une île où ils doivent échanger leurs conditions ; l'esclave Arlequin, devenu seigneur, tente de séduire la noble Euphrosine.

**À retenir**

**Les comédiens-italiens** sont revenus à Paris en 1716. Ils seront les interprètes favoris de Marivaux.

# Marivaux et les comédiens-italiens

Qui sont donc ces fameux Italiens, qui ont renouvelé le théâtre parisien au début du XVIIIe siècle ?

La présence régulière de comédiens italiens en France date du XVIe siècle, à l'époque de Marie de Médicis. Régulièrement accusés de corrompre les mœurs, méprisés par les comédiens-français à cause de leur jeu vulgaire et grivois, ils ont été plusieurs fois expulsés du royaume, la dernière fois sous Louis XIV. Les comédiens-italiens de Romagnesi, que le Régent Philippe d'Orléans invite en 1716, ne sont plus ces bouffons de foire que les dévots ont décrits avec horreur. Depuis longtemps habitués à des textes ambitieux, ils possèdent les qualités qui font les grands comédiens : un sens du jeu théâtral, une tradition d'improvisation. Quand Marivaux les découvre, il apprécie aussitôt leur style de jeu, moins emphatique que celui des comédiens-français.

## La troupe de Romagnesi

Dans la tradition du théâtre italien, les comédiens possèdent chacun un personnage marqué : les valets balourds ou astucieux (Arlequin, Polichinelle, Brighella, Truffaldin…); les suivantes, légères et malignes (Lisette, Sméraldine, Colombine…); les vieillards ridicules, avares, pompeux (Pantalon, le Docteur); enfin les nobles, généralement amoureux (Lélio et Mario chez les hommes; Silvia, Angélique et Béatrice chez les femmes).

Les comédiens interprètent toujours plus ou moins le même rôle: Romagnesi joue les rôles de «premier amoureux»; Antonio Baletti, dit *Mario*, joue ceux de «second amoureux», éconduit et jaloux; Tomaso Visentini, dit *Thomassin*, est un Arlequin gracieux et inventif.

Chez les femmes, la plus remarquable – et remarquée – est sans conteste Zanetta Rosa Giovanna Benozzi, dite *Silvia*; elle joue les amoureuses. Cette comédienne a joué un grand rôle dans la vie de Marivaux. Elle interpréta et inspira la plupart des grands personnages féminins de ses pièces.

L'époque s'accorde à louer le talent de la Benozzi: «*Elle avait la taille élégante, l'air noble, les manières aisées, affable, riante, fine dans ses propos, obligeant tout le monde, remplie d'esprit et sans la moindre prétention* […]. *On n'a jamais pu trouver une actrice capable de la remplacer; et pour qu'on la trouve, il faut qu'elle réunisse en elle toutes les parties que Silvia possédait dans l'art difficile du théâtre: action, voix, esprit, physionomie, maintien et une grande connaissance du cœur humain. Tout en elle était nature, et l'art qui la perfectionnait était toujours caché*» (Casanova, *Mémoires*).

On voit que Marivaux a pris la troupe pour ce qu'elle était, attribuant à certains personnages les surnoms des comédiens.

**À retenir**

**Les acteurs du théâtre-italien** jouent toujours les mêmes rôles: Arlequin, Colombine, Mario, Silvia…

# Le lieu théâtral à l'époque de Marivaux

La connaissance que Marivaux avait des comédiens s'ajoutait à son expérience du plateau théâtral. Il savait comment un déplacement d'acteur pouvait remplacer une phrase. Ses pièces sont fertiles en indications scéniques : par exemple, sur la distance entre les personnages.

**À retenir**

**Marivaux** connaissait parfaitement les métiers et les contraintes de la scène.

## La salle

Les salles du XVIIIe siècle sont moins grandes que de nos jours : elles excèdent rarement 800 places. L'espace du public, ou *salle*, est éclairé par des lustres aux bougies lentes et peu éclairantes. Les grandes familles possèdent souvent des emplacements réservés, des *loges* qu'elles louent à l'année, et dont elles font profiter amis et relations. Le public envahit encore l'espace scénique : des fauteuils accueillent des privilégiés sur les bords de scène, mais cet usage tend à disparaître.

## La scène et la machinerie

L'espace du jeu des comédiens, *scène* ou *plateau*, est séparé du public par une *fosse d'orchestre*, plus ou moins profonde, puis par un bord de scène le long duquel est installée une *rampe* de bougies (d'où l'expression : « la voix doit passer la rampe »). Parfois, un trou au milieu permet à un souffleur de s'y installer. La scène, nous l'avons dit, est orientée par des mots bien précis : *jardin* signifie « gauche » pour le spectateur, *cour* signifie « droite », *lointain* le fond de scène, *face* l'avant-scène. Comme la scène est légèrement en pente, avancer vers le spectateur se dit «descendre» et s'en éloigner «remonter». Le plancher de la scène masque des *trappes*, amovibles, qui permettent des disparitions et apparitions de personnages.

En hauteur, la délimitation du cadre de scène porte le joli nom de *manteau d'Arlequin*, à cause des motifs bariolés qui la recouvrent.

Au-dessus de la scène s'articule toute une machinerie, qu'on appelle *les cintres*. Des passerelles, à six ou huit mètres du plateau, relient jardin à cour. Elles permettent à des machinistes de faire tomber doucement des fleurs ou de tendre un fil qui attire en l'air une bouteille que tient Arlequin.

Les bougies de la scène, rendues plus puissantes par des mèches doubles ou triples, se consument plus rapidement que celles de la salle: aussi les lustres, rampes et autres chandeliers sont-ils régulièrement réassortis par les machinistes.

Les décors, généralement des toiles peintes, sont tendus sur des barres horizontales, dites *porteuses*, reliées à des torons de fils suspendus au plafond du bâtiment: c'est le *gril*, sorte de grillage traversé par les fils des porteuses. Par un mécanisme de contrepoids, un machiniste *cintrier* peut faire *échapper* une toile aux cintres (on dit qu'il *appuie* la porteuse) ou inversement la *présenter* au public (on dit qu'il *charge* la porteuse). Pour effectuer la manœuvre au bon moment, le cintrier obéit aux ordres d'un personnage sur le plateau, invisible du public: le *régisseur*. Comme la plupart des techniciens de théâtre, c'est un ancien marin. Ses ordres s'expriment par des sifflets. Encore aujourd'hui, le théâtre garde des traces de cette période: il est toujours interdit de siffler sur un plateau; le mot *corde* y est banni, comme sur un bateau – il ne peut signifier que celle du pendu. Enfin, le vocabulaire ci-dessus reste celui des machinistes contemporains.

## Les comédiens

Sur scène, les comédiens se maquillent et s'habillent, comme de nos jours, dans des *loges*; ils attendent leur entrée en scène en *coulisses*, espace à peu près invisible du public, sur les bords de scène, séparé de l'espace de jeu par des rideaux noirs, ou *jambages*, parallèles au cadre de scène.

Les comédiens possèdent leur propre garde-robe. Il est donc logique qu'ils interprètent toujours les mêmes rôles ! Soumis, la plupart du temps, à une discipline sévère, ils sont amenés à jouer des textes différents presque tous les soirs. Le vendredi, jour de la mort du Christ, est jour de relâche.

## L'auteur dramatique

À l'époque de Marivaux, l'auteur ne touche pas de « droits d'auteur ». Le partage se fait à l'amiable avec la troupe. Une fois édité, un texte peut être joué librement par n'importe quelle troupe. Il faudra attendre Beaumarchais, à la fin du XVIIIe siècle, pour que naisse le droit d'auteur moderne.

# Marivaux et la représentation théâtrale

On sait que Marivaux consacrait beaucoup de temps aux répétitions de ses pièces. Il supprimait parfois une réplique quand un jeu de scène (une expression du comédien, un

**À retenir**

**Au temps de Marivaux,** les comédiens interprètent toujours les mêmes types de rôles, dans les mêmes costumes.

déplacement) rendait celle-ci redondante. Ainsi Marivaux est-il un adepte de la «fausse sortie»: un personnage déclare qu'il part, hésite, reste un instant à la frontière du plateau, puis revient; le rythme de sa marche, ses temps d'arrêt traduisent les mouvements de sa pensée ou de son cœur.

De même, la disposition des acteurs sur la scène (en profondeur comme en largeur) et les distances entre les acteurs ont des incidences sur l'action. Les acteurs d'aujourd'hui savent que le sens d'une scène peut varier énormément selon que Silvia se trouvera au centre ou en bord de scène, que Dorante sera proche d'elle ou distant, etc. La relation entre le personnage et le public se fera plus ou moins intime, plus ou moins émouvante.

La lecture d'une pièce de Marivaux doit tenir compte de cette mise en scène secrète. Le lecteur imagine les voix, les costumes et les corps. Il lui est plus difficile d'imaginer les mouvements, mais c'est pourtant nécessaire: la représentation théâtrale est un événement qui se déroule dans le temps, comme la musique ou le cinéma. Le texte en est la partition, qui attend son interprétation.

**À retenir**

**La mise en scène**
Le texte d'une pièce de théâtre est une partition, qui sera incarnée par des acteurs.

# Marivaudage et comédies d'amour

## La comédie au temps de Marivaux

**À retenir**

**La comédie,** à l'époque, est considérée comme un genre mineur.

À l'époque où Marivaux écrivait ses comédies, le courant de la tragédie classique continuait d'alimenter le Théâtre-Français et les lieux privés. Ce courant classique, issu de Racine et de Corneille, a reproché à Marivaux la « minceur » de ses sujets. L'accusation la plus célèbre vient de Voltaire, rival de Marivaux à l'Académie française, qui l'a décrit *pesant des œufs de mouche dans des toiles d'araignée*. Il faut dire que Voltaire était alors plus connu par ses tragédies et ses poèmes épiques* que par ses écrits philosophiques.

Dans ce contexte, la comédie, et en particulier la comédie d'amour, passait pour un genre mineur, comparé aux tragédies antiques, aux pastorales* et aux opéras.

## Le marivaudage

Le terme de « marivaudage » a été employé du vivant de Marivaux par ses détracteurs. On lui reproche alors la légèreté de ses personnages, qui peuvent passer des scènes entières à jouer sur les mots ; pire encore, il arrive que les événements de la pièce, les obstacles ne proviennent que de fâcheries sur tel ou tel mot qu'un Chevalier ou une Marquise refuse d'employer. Mais ces reproches sont à placer dans leur contexte.

* Cf. Lexique.

La bonne société, oisive par définition, occupe ses après-midi dans ces lieux de rencontre que sont les salons et les cafés. On y fait assaut de « bel esprit », de saillies*, d'anecdotes. La sincérité des propos n'est pas une qualité ; il faut avant tout savoir se tenir en société, maîtriser ses sentiments. Sous le masque de la bonne humeur, l'hypocrisie règne. Marivaux a observé et recueilli ces « mots » et en a parsemé son théâtre. La futilité apparente de ses intrigues reflète une société capable également de futilité, mais aussi de gravité et de lent progrès social. Se reconnaissant dans son goût pour le langage, elle ne peut accepter d'être ainsi portraiturée.

À l'inverse, l'engouement actuel pour l'œuvre de Marivaux parmi les jeunes metteurs en scène, les acteurs et le public provient en grande partie de ces jeux de langage, dont on sait aujourd'hui qu'ils peuvent exprimer une grande profondeur. Surtout, le spectateur se reconnaît dans cette recherche perpétuelle des mots de l'amour et de la sincérité. Ce qui parut jadis comme une opacité du langage est désormais une quête de transparence. Les pièces de Marivaux sont toujours construites autour de cette recherche de lumière : lumière de la vérité, lumière de la liberté ou de l'abandon librement consenti, lumière qui se propage aux autres personnages. L'amour est une grâce. Il apparaît, et plus rien n'est comme auparavant. Les personnages de Marivaux, les Silvia, Dorante, Lisette, Arlequin, sont à la recherche de cette vérité du cœur, qui consiste à accepter les sentiments qui l'animent et finalement à s'accepter soi-même.

Dans *Le Jeu de l'amour et du hasard*, une inquiétude a d'abord été exprimée, levée, puis abaissée. La fin, heureuse, a lieu dans l'apaisement et non dans la frénésie.

À retenir

**Le marivaudage** Marivaux a été critiqué pour l'apparente futilité de son théâtre et l'importance donnée aux fâcheries causées par le langage.

* *Cf.* Lexique.

# Une comédie du Siècle des lumières

La liberté d'aimer, thème central de l'œuvre de Marivaux, bouleverse toutes les barrières que lui oppose la société, sous des formes extérieures (père, société) ou intérieures (orgueil, amour-propre). En choisissant d'explorer les méandres du cœur humain – et particulièrement féminin –, Marivaux s'inscrit dans un grand mouvement, les Lumières, qui traverse le XVIIIe siècle.

Marivaux donne la primauté à l'individu. Sans être vraiment révolutionnaire, il dresse un portrait peu flatteur des préjugés de cette société : sujétion de la femme, misère des domestiques, oisiveté des nobles... Avant Beaumarchais, il a compris que la légèreté permettait d'être plus corrosif que la brutalité. Si Marivaux ne cherche pas à rénover en profondeur cette société qui ne survivra pas au siècle, il s'intéresse avant tout à ceux qui la composent. Il traite également puissants et misérables. Les cœurs d'Arlequin et de Lisette sont maltraités par leurs maîtres, qui jamais ne s'en soucient ; Marivaux donne à Arlequin le dernier mot : malgré tout cela, dansons, chantons, et profitons de la vie.

## À retenir

**La liberté d'aimer** est au centre du théâtre de Marivaux.

# Le mélange subtil de deux registres

## Le registre comique

Toute la palette du comique est utilisée dans *Le Jeu de l'amour et du hasard* : comique de situation d'abord, lorsque le travestissement de quatre personnages est connu du spectateur ; comique de mots qui en découle, quand les personnages sont contraints d'imiter ou de parodier* ceux dont ils usurpent la place ; comique de gestes, parce que l'usurpation n'est pas seulement langagière et qu'Arlequin doit imiter comiquement la gestuelle de son maître ; comique de caractère enfin, parce que l'évolution de la pièce dépend des résolutions des personnages, emmenés par la force de leurs défauts (orgueil, vanité, égoïsme).

Marivaux ne plaque pas les éléments comiques sur une trame figée : ils sont la conséquence de deux décisions, prises par deux caractères (Dorante et Silvia). La force de la pièce vient justement du conflit entre le comique de caractère – Silvia et Dorante, par leur orgueil, leur volonté, refusent de se laisser diriger – et les éléments comiques cités ci-dessus.

**À retenir**

**Le comique de caractère**
Toute l'intrigue du *Jeu* repose sur le combat entre amour et amour-propre.

## Le registre pathétique

La recherche de l'émotion vient s'inscrire avec force dans ce contexte comique. L'enjeu classique de la comédie (la jeune fille épousera-t-elle celui qu'elle aime ?) cède la place à des questionnements plus sérieux : sur le mariage arrangé, le rôle de la femme, la disparité sociale. La gravité s'installe peu à peu.

Sous le sourire d'Orgon se cache une vraie affection pour sa fille ; sa peur de la perdre se mêle à l'émotion de la voir souffrir. Le vocabulaire le prouve : les émois de l'amour s'expriment par les mots de l'amour, les mots des sentiments. Ces mots sont tournés en dérision par Arlequin ? qu'importe ! Silvia revient, et la sincérité de Dorante fait oublier la parodie. L'omniprésence du vocabulaire

* *Cf.* Lexique.

sentimental crée le pathétique, parce que l'enjeu a été reformulé par le langage: Silvia veut un mariage d'amour. Cette quête, aux accents parfois désespérés, crée une note grave qui sous-tend toute la pièce.

## Le rire et l'émotion

On ne saurait dire quel registre prédomine dans *Le Jeu de l'amour et du hasard*. Certaines mises en scène accentuent la bouffonnerie d'Arlequin, d'autres présentent un tableau très noir et très cruel du procédé... Quels que soient les choix de mise en scène, rire et émotion résistent et s'imposent. Leur enchevêtrement fait la spécificité du *Jeu de l'amour et du hasard*.

**Evariste Gherardi dans le rôle d'Arlequin, lithographie d'Hippolyte Lecomte.**

# Marivaux et les Lumières

## Le théâtre des Lumières

Le XVIIIe siècle est, en France, un âge d'or pour la représentation théâtrale. Le public se presse pour assister à toutes sortes de pièces : tragédies, comédies, comédies dramatiques*, comédies larmoyantes… Par ce théâtre, la langue française rayonne dans toute l'Europe. Pourtant, aujourd'hui, la plus grande partie de ce répertoire est oubliée, et, hormis Marivaux et Beaumarchais, le théâtre du XVIIIe siècle n'est connu que des spécialistes. Voltaire fut plus célèbre pour ses tragédies que pour ses écrits philosophiques ; Diderot a écrit des drames bourgeois aujourd'hui injouables ; Du Belloy, dont le *Siège de Calais* fut une des pièces les plus jouées de l'histoire européenne entre 1750 et 1850, est totalement inconnu. Le théâtre révolutionnaire a sombré également dans l'oubli.

Pourquoi cette désaffection ? Sans doute parce que le théâtre n'est pas le lieu idéal pour débattre d'idées.

Le vaste mouvement des Lumières – philosophique, social, moral et scientifique – prônait la suprématie de la Raison sur les préjugés et les sentiments. La scène devint un lieu de propagation de ces idées nouvelles, mais le résultat fut souvent décevant : le théâtre s'accorde mal avec les discours. D'ailleurs, en réaction au théâtre des Lumières, naît le romantisme, qui, en Allemagne dès les années 1770, exalte les sentiments et s'enivre de grands drames mélancoliques et mouvementés.

Restent donc Marivaux et Beaumarchais. L'un comme l'autre ont su dépasser les contraintes de leur temps pour créer un art théâtral intellectuel et sensible, en quête de bonheur, de vérité, de lumière au cœur des personnages.

### À retenir

**Un âge d'or oublié**
Parce que le théâtre s'accorde mal avec les discours, celui des Lumières a sombré dans l'oubli. Seuls Marivaux et Beaumarchais ont su créer une œuvre intellectuelle et sensible.

\* *Cf.* Lexique.

# La quête du bonheur

Les révolutionnaires ont inscrit la «recherche du bonheur» parmi les Droits fondamentaux de l'Homme et du Citoyen. Ce qui nous paraît aujourd'hui évident l'était très peu à une époque où l'on vivait dans l'espérance d'une autre vie, meilleure que celle-ci. Avec l'essor de la bourgeoisie, on commence d'admettre qu'il peut être agréable de vivre pour vivre, sur une terre à peu près débarrassée des pestes et des famines. L'époque s'invente un «art de vivre», que ce soit à table, dans le vêtement, dans les transports, art de vivre qui fait beaucoup pour la réputation de la France.

Les personnages de Marivaux sont *toujours* en quête du bonheur. Ils en ont d'ailleurs conscience. Même amoureux, même si aucun obstacle apparent ne s'élève à l'horizon, ils doutent toujours de la certitude du bonheur. Marivaux a touché là une des cordes les plus sensibles de nos êtres ; il a créé la peur du bonheur, la peur qu'il déçoive ou qu'il cesse.

## À retenir

**Le droit au bonheur**
Chez Marivaux, le bonheur est une quête essentielle mais aussi l'objet de nos doutes et de nos peurs.

# Simplicité, vérité et lumière

Les théoriciens des Lumières rejettent les formes «factices» comme la tragédie, et, par idéologie, prônent un théâtre simple, avec des personnages «vrais». Les rois, les héros antiques cèdent la place aux bourgeois, aux artisans, aux paysans. Pourquoi cette descente sur Terre ? Parce que le théâtre s'adresse à tous, et que, pour les philosophes, il est un lieu propice à l'éducation, à l'enseignement.

Le théâtre de Marivaux s'intéresse au cœur des hommes et des femmes, quelles que soient les conditions sociales. Que l'environnement soit concret *(Le Legs)* ou abstrait *(Le Jeu)* a finalement peu d'importance. Seule compte la recherche de la vérité des sentiments. Molière, Voltaire, Diderot pourfendent l'hypocrisie des mœurs ; Marivaux combat, avec douceur et obstination, l'hypocrisie des cœurs.

Comme tous les grands auteurs, Marivaux dépasse largement les influences de son époque. Son théâtre, à la charnière entre le classicisme et les Lumières, est par bien des côtés préromantique. Il est surtout inimitable.

## À retenir

**Un théâtre simple et vrai**
Pour les Lumières, le théâtre est un lieu d'éducation pour tous et de recherche de la vérité.

# Mises en scène

On peut imaginer la première scène du *Jeu de l'amour et du hasard*, entre Silvia et Lisette, comme une scène très rude, agressive, presque violente; ou bien retenue, nostalgique, tendue; ou bien purement légère, virevoltante…

Il n'y a pas de solution définitive. Un texte de théâtre est une proposition. Il a besoin de l'incarnation pour exister; le texte seul, couché sur le papier, est incomplet.

Il a besoin également de cette dimension temporelle que l'écrit ignore. Le temps de la représentation confère à l'œuvre une densité supplémentaire. Des jeux de rappels entre scènes distantes d'une demi-heure peuvent éclairer la compréhension: le spectateur ne prend pas le temps d'analyser ce qu'il ressent. Enfin, l'émotion des personnages devient plus sensible; le bon théâtre parle au moins autant au cœur qu'à la raison.

Le théâtre s'écrit sur du sable. Quoi qu'on fasse, quand le rideau se baisse, le spectacle ne survit plus que dans la mémoire. Cette fragilité, inhérente au théâtre, est encore plus sensible chez Marivaux. Les professionnels de la scène le savent: rien n'est plus difficile que de donner au spectateur, soir après soir, des représentations de qualité constante. Le théâtre de Marivaux est très exigeant pour les comédiens et les metteurs en scène. Comme la plupart des grands textes, ses œuvres rendent possibles des interprétations très différentes.

Au théâtre, le jeu des comédiens, leurs intonations, leurs déplacements sont dirigés par le metteur en scène. Concepteur général de la représentation, il fait travailler les comédiens pendant les répétitions. Il trouve avec eux les caractéristiques des personnages et donne les indications qui permettent au comédien d'intégrer son jeu à celui d'un spectacle complet.

Avec son équipe scénographique (décors, costumes, lumières), le metteur en scène propose également un ensemble visuel dans lequel viennent s'insérer les comédiens.

# Clotilde de Bayser

Pour le concours d'entrée au Conservatoire, la comédienne Clotilde de Bayser a présenté la première scène du *Jeu de l'amour et du hasard*. Elle est actuellement pensionnaire de la Comédie-Française, où elle a interprété de nombreux rôles, dont la Célimène du *Misanthrope*, Hedda Gabler dans la pièce éponyme\* d'Ibsen, et Portia dans *Le Marchand de Venise* de Shakespeare.

*La vraie compréhension de Marivaux ne peut se faire qu'en le vivant. L'enchaînement des répliques vient de l'incarnation. C'est le type même de théâtre qu'il faut vivre de l'intérieur : il faut construire de l'intérieur tout ce qui est réception, frissonnement, écoute. Le travail de l'acteur est énorme, parce qu'il lui faut décrypter ce que la moindre intonation de l'autre, la moindre parole peut provoquer chez soi. Mais il faut être extrêmement vigilant, parce que tout peut être noyé sous le flot de paroles. Il y a une dichotomie entre la construction très intellectuelle, très alambiquée de la phrase et un jeu instinctif que l'acteur doit avoir.*

*Le fait que Marivaux ait bien connu les acteurs de la commedia dell'arte\* est important ; à la fin de la réplique, il y a le mot déclencheur de la suite ; comme en improvisation, on passe la main, on rebondit ; le texte a besoin de cette dynamique : on ne peut pas comprendre Marivaux sans ça. Tu reçois quelque chose, tu as une sensation, et qu'est-ce que je vais faire de cette sensation ? Il y a beaucoup de ça dans la découverte de l'amour : tu ne peux pas continuer sans avoir ressenti. La sincérité est obligatoire. C'est le but recherché par Marivaux ; on parle toujours de raison dans ses pièces, alors que c'est le cœur qui est le moteur ; le comédien, lui, doit fonctionner avec ses émotions.*

*Quand j'ai travaillé Marivaux avec Jean-Pierre Miquel (dans Le Legs), je jouais un personnage froid qui regarde les autres se débattre avec leurs sentiments amoureux. Ces personnages sont des déclencheurs, parce que les amoureux sont incapables d'avancer, de se parler ; il y a entre eux beaucoup de silence : comment gérer les silences ? les regards ? Quand le langage ne peut plus faire avancer les choses, que fait-on ?*

*Quand on travaille Marivaux, on arrive à ces situations de crise, de silence total, où on ne sait plus comment parler. C'est extrêmement moderne, parce*

\* *Cf.* Lexique.

*que les personnages arrivent à un point où ils sont complètement muselés par le social, par ce qu'ils ressentent: l'amour-propre, l'orgueil – parce que l'amour revient toujours à soi – (ce qui amène des situations de folie pure); il y a des moments où les personnages n'arrivent plus à conjuguer les deux, à se mentir à eux-mêmes… je mets un peu d'amour mais pas trop, un peu de raison mais pas trop, et ça ne marche pas; Marivaux te mène à cette folie. L'acteur « interne » ne peut plus suivre.*

*Les personnages partent sur une lancée avec une idée raisonnée; ils ont un plan. Et puis l'autre ne réagit pas du tout comme ils ont prévu! Ils sont obligés de changer de tactique, d'improviser. Silvia est prête à crier et Dorante revient, elle éprouve comme une terreur, son sang se fige… Ce sont des choses qui n'arrivent que quand on est amoureux; ce n'est pas calme du tout, c'est la fièvre, c'est le contraire du marivaudage « cliché ».*

*[Ce travail de l'instabilité, comment s'effectue-t-il? Il y a une difficulté à retrouver tous les soirs l'apparence de l'hésitation.]*

*C'est difficile de retrouver tout tous les soirs. Tu as dans ta tête un premier scénario, un deuxième scénario. Comme il existe une partition des mots, il existe une autre partition interne, ta partition interne; elle se monte, elle se construit, c'est extrêmement précis: si à un moment tu dois jouer un quart de seconde de surprise, un quart de seconde d'émotion, il ne faut pas les manquer. Cette autre partition est aussi longue que la première – le texte – et va jusqu'au bout du spectacle: si tu lâches, si tu as un trou dans cette partition parallèle, tu perds tout. Cette partition se construit pendant les répétitions.*

Entretien avec l'auteur, avril 2003, © Hachette Livre.

## Xavier Lemaire

Comédien et metteur en scène, Xavier Lemaire dirige la compagnie parisienne Les Larrons. Son travail porte essentiellement sur le théâtre contemporain (Pinter, Horovitz…) et sur Marivaux, dont il a monté *L'Épreuve*. Il prépare *Le Jeu de l'amour et du hasard*.

*Dans les pièces de Marivaux, les personnages aspirent à appartenir à la classe supérieure. Ces aspirations sociales créent une façon de parler et d'être en société, qui est en contradiction avec leur sentiment intime, leur* volonté. Cela génère ce texte chargé de précautions oratoires, avec l'aparté\*, le silence contenu, malgré la volonté d'exploser et de dire ses sentiments, les colères cachées, rentrées. Quand on lie ces deux points : le travail sur le texte et le texte fait pour des acteurs brillants, il en découle un jeu qui doit être brillant, spontané et vif, et qui doit avoir des souterrains, des nappes phréatiques fortes, dignes de Stanislavski ! C'est ce qui fait que le théâtre de Marivaux est toujours très complexe ; quand on aborde seulement un point de vue et pas tous les points de vue, il peut devenir très ennuyeux ; imaginez que chacun soit profondément grave… ça devient du Tchekhov ! Pour bien créer cette épaisseur, il faut examiner les enjeux de tous les personnages et les faire se confronter.

[Comment définissez-vous les enjeux des personnages ?]

Dans une pièce, il y a une autre pièce. Il y a d'abord la première pièce, celle dont le spectateur a une vue générale, celle qu'on lui raconte. Et puis… si on se dit : « Aujourd'hui, on va regarder la pièce du côté de Lisette : comment vit-elle la pièce ? » Au début, elle est là, chez elle, tranquille. Silvia lui dit : joue mon rôle, habille-toi comme moi. Lisette est stupéfaite, elle relève que tout ça n'est pas très clair, mais, comme sa maîtresse le veut, elle s'habille ; elle découvre alors que tout le monde lui parle autrement, que vu de sous cet habit la vie est plus agréable, plus belle ; elle découvre que le type qui arrive et dont elle faisait une montagne est comme elle, il est sympathique… Très rapidement tout le monde s'amuse de ça, même le père de Silvia ! Et elle commence à y croire. Ces enjeux pour Lisette donnent la tonalité de chacune des scènes. Ce sont ces enjeux, s'ils sont joués très forts, avec une énorme conviction, par les acteurs, qui vont créer le comique de situation. Le comique va venir de l'ensemble général de la pièce, et en particulier des colères des personnages : parce que le comique vient quand chaque personnage a une vraie légitimité dans sa colère, dans ses enjeux. Le théâtre de Marivaux est un torrent très fort qui donne l'apparence d'une mare, avec un flux de courants terribles ; si les acteurs ne sont pas chargés de violence, il prend l'apparence d'un rien, d'une petite plume qui très vite devient pénible à l'écoute. Marivaux, comme certains compositeurs de musique, demande des virtuoses dans l'interprétation. La partition est très complexe : on se rend souvent compte que, dans une réplique, il y a cinq choses à jouer ; or, nous, acteurs professionnels, nous savons qu'on ne peut pas jouer deux choses en même temps ; il faut bifurquer au quart de seconde. Ce théâtre est comme le corps d'un danseur : il est délié, fin, souple, mais au fond, c'est une bête de muscles.

\* Cf. Lexique.

[Comment concevez-vous l'espace de la scène ?]

*L'espace est déterminé par le texte. On ressent très vite si les personnages sont l'un à côté de l'autre ou s'ils sont éloignés. On n'a pas la même façon d'aborder les précautions oratoires, les apartés\*, suivant qu'on est proche ou pas ; si on est tous deux proches et qu'on va se fâcher, peut-être qu'on parlera moins : il y aura une gifle tout de suite ! Mais, à cinq mètres, je dirai pour toi : fais attention, etc. Le rapport est celui-là : j'essaie de sentir dans le texte quels sont les moments où on sent que les acteurs vont se toucher, s'embrasser. Marivaux me donne l'impression de huit, de ronds, par moments de diagonales, de droites ; il y a des formes géométriques. Par moments les personnages s'énervent, ils vont faire des triangles en argumentant, et puis ils vont tourner autour de quelqu'un, ils vont arpenter la scène. Le jeu sur les entrées et sorties est fondamental. Nous passons énormément de temps à trouver l'entrée d'un personnage : elle va orienter toute la scène à suivre.*

[Comment choisir les acteurs ?]

*C'est une question d'énergie, et elle est évidente. Il y a des acteurs qui ne peuvent pas jouer certains rôles, parce qu'ils n'ont pas l'énergie du rôle. Tout le monde ne peut pas jouer Lisette. Isabelle Andréani est une Lisette géniale, mais on ne peut pas lui faire jouer Silvia : ça ne colle pas, ça ne marche pas ; c'est assez étonnant et en même temps complètement évident. De même, Olivier Breitman, dans les jeunes premiers de Marivaux, est exceptionnel : on a l'impression qu'il est formaté pour ça. N'oublions pas que, dans certaines scènes, il faut de la virtuosité, c'est du football à la brésilienne ! Et puis, la complicité avec le public est essentielle dans le ressort comique ; le public doit jouer avec les acteurs, qui le mettent dans la complicité. Il faut donc des acteurs capables de jouer avec le public. Michel Bouquet dit souvent : « Sache que le public ne vient pas te voir jouer : il vient jouer avec toi. »*

Entretien avec l'auteur, juin 2003, © Hachette Livre.

.......................................................... **Philippe Ferran**

Philippe Ferran est metteur en scène et directeur d'acteurs.

*Molière, Marivaux et plus proche de nous Courteline ont été obsédés par la notion de sincérité. Est-ce qu'il n'y a pas autant de sincérité – sinon plus – à expliquer le sentiment qu'à l'éprouver ? La notion de sincérité est le maître*

\* Cf. Lexique.

mot du *Misanthrope*, de *Tartuffe*, c'est important pour *Dom Juan...* C'est un thème fondamental du théâtre. Et pour le jouer, faut-il de la sincérité ? Là, on touche un sujet qui dépasse le cadre du théâtre : c'est métaphysique, philosophique. C'est le thème du *Corneille* de *L'Illusion comique ;* on le retrouve chez Marivaux avec la réplique célèbre des *Acteurs de bonne foi :* « Ils font semblant de faire semblant. » Cette mise en abyme* de l'âme humaine, cette nécessité d'engendrer un jeu dans le jeu, je ne sais pas si les acteurs s'y retrouvent toujours mais j'ai le sentiment moi de m'y être parfois un peu perdu. Il est extrêmement dangereux de vouloir mettre en scène des gens qui jouent qu'ils jouent ; dès qu'il y a un amalgame entre l'acteur qui joue qu'il joue et l'acteur qui joue, on peut faire des erreurs. L'acteur ne va pas jouer mal sous prétexte que le personnage qui joue le rôle est un mauvais acteur ! Le public ne verra plus qu'un acteur qui joue mal.

Dans Le Jeu, chacun joue un rôle ; mais est-ce qu'il le joue bien ou mal ? et que se passe-t-il si finalement Arlequin est un tellement bon comédien qu'il arrive à faire plus maître que le maître ? c'est un questionnement. Et comme chacun joue en observant et en étant observé, on finit par avoir un sac de nœuds absolument irrécupérable. Il faut éviter de se prendre les pieds ou alors faire une mise en scène qui traite de ça.

C'est ce que j'avais essayé de faire : avant que le spectacle ne commence, on voyait dans sa nature première la personne qui jouerait ; X qui va jouer Dorante qui va jouer Bourguignon. Bien sûr, c'est une construction intellectuelle, mais il faut garder à l'esprit que Marivaux met en avant les grandes découvertes du siècle, les manipulations scientifiques : que se passerait-il si... ? Dans beaucoup de ses pièces (La Dispute, La Colonie, L'Île des esclaves...), il y a un dispositif scientifique : jusqu'où l'amour peut-il résister à l'argent ? aux pressions sociales ? Dans Le Jeu, Orgon et Mario s'amusent. J'avais fait d'Orgon un encyclopédiste, il avait une petite imprimerie et pressait des planches d'encyclopédie, c'était un homme très manuel qui essaie des choses. Silvia était une jeune Mme de Staël, elle sculptait ; il y en avait qui faisaient de la musique, du clavecin, même Lisette faisait de la botanique : elle avait un petit jardin avec des plantes qu'elle arrosait...

Entretien avec l'auteur, mai 2003, © Hachette Livre.

* *Cf.* Lexique.

# Lexique d'analyse littéraire

**Aparté** Ce qu'un personnage se dit à lui-même et que le public entend.

**Badinage** Conversation galante et futile.

***Commedia dell'arte*** Forme théâtrale venue d'Italie, dont les acteurs portent des masques et improvisent sur des trames dites «canevas».

**Dramatique** Qui concerne le déroulement de l'action, qui est propre à l'action théâtrale.

**Dramatique (ouvrage —)** Texte destiné à être représenté au théâtre.

**Épique** Qui raconte, en vers, une action héroïque.

**Éponyme** Qui donne son nom; par exemple, le personnage de Macbeth, dans la pièce *éponyme* de Shakespeare.

**Mise en abyme** Procédé qui consiste à modifier, par des changements d'échelle, la perception du spectateur; le procédé dit «théâtre dans le théâtre» relève de la mise en abyme.

**Parodie** Imitation burlesque.

**Pastorale** Pièce de théâtre dans laquelle les héros sont des bergers et des bergères; genre qui connut un grand succès au XVIIIe siècle, surtout à la Cour.

**Procédé accumulatif** Procédé qui consiste à accumuler, comme en une liste, des mots ou des expressions différents mais de même nature. *Cf.* Charles Baudelaire: «*Mais parmi les chacals, les panthères, les lices, / Les singes, les scorpions, les vautours, les serpents, / Les monstres glapissants, hurlants, grognants, rampants, / Dans la ménagerie infâme de nos vices…*»

**Procédé répétitif** Procédé qui consiste à reprendre plusieurs fois, sans modification, un mot ou une expression. *Cf.* Blaise Cendrars: «*Des rues. Des rues. Des rues.*»

**Protagonistes** Personnages principaux d'une œuvre littéraire, théâtrale ou cinématographique.

**Quiproquo** Méprise qui fait qu'on prend une personne pour une autre, ou une chose pour une autre.

**Saillie** Trait brillant et inattendu dans la conversation.

**Théâtre dans le théâtre** Procédé par lequel les personnages, sur scène, interprètent des personnages de théâtre et jouent d'autres personnages.

# Bibliographie, filmographie

## Bibliographie

### Éditions

– Marivaux, *Théâtre complet*, éd. de F. Deloffre, « Classiques Garnier », Bordas, 1989.
– Marivaux, *Théâtre complet*, éd. de M. Gilot, « Bibliothèque de la Pléiade », Gallimard, 1993.
– Marivaux, *Journaux et Œuvres diverses*, éd. de F. Deloffre et M. Gilot, « Classiques Garnier », Bordas, 1988.

### Ouvrages sur Marivaux et le théâtre au XVIIIe siècle

– M. Arland, *Marivaux*, NRF, 1950.
– G. Attinger, *L'Esprit de la commedia dell'arte dans le théâtre français*, ED. Librairie théâtrale, 1950.
– M. Boudet, *La Comédie italienne : Marivaux et Silvia*, Albin Michel, 2001.
– H. Coulet et M. Gilot, *Marivaux, un humanisme expérimental*, Larousse, 1973.
– X. de Courville, *Un apôtre dans l'art du théâtre au XVIIIe siècle, Luigi Riccoboni dit « Lelio »*, Droz, 1943.
– M. Deguy, *Marivaux ou la Machine matrimoniale*, Gallimard, 1981.
– F. Deloffre, *Une préciosité nouvelle : Marivaux et le marivaudage*, Armand Colin, 1955.
– R. Mauzi, *L'Idée du bonheur dans la littérature et la pensée française au XVIIIe siècle*, Armand Colin, 1979.

## Filmographie

– *Le Jeu de l'amour et du hasard*, téléfilm tourné par Marcel Bluwal, INA, 1967.
– *Le Jeu de l'amour et du hasard*, mise en scène de Jean-Paul Roussillon, INA-Comédie Française, 1976.

Imprimé en Italie par «La Tipografica Varese S.p.A.»
Dépôt légal : Mars 2009 - Collection : 49 - Édition : 04
**16/8704/5**